Manfred G. Mikusch / Waltraud Wasserberg

Das Vollwert – Kochbuch aus Schwaben

Leckere Schwäbische Spezialitäten auf gesunde Art und Weise hergestellt

bioverlag gesundleben, 8959 Hopferau – Heimen

ISBN 3 - 922 434 - 28 - 2

1. Auflage
1. - 10. Tausend

© 1982 Copyright by bioverlag gesundleben GmbH
8959 Hopferau - Heimen Nr. 50

Alle Rechte, auch die des auszugsweisen Nachdrucks, der foto-
mechanischen Wiedergabe und der Übersetzung vorbehalten

Satz: Fotosatzstudio Fischer, 8959 Hopferau - Heimen

Farbfotos: Studio Teubner, Füssen

Druck: Druckerei Kösel, Kempten

Inhalt

Vorwort Dr. med. M. O. Bruker   10
Was ist Vollwertkost?   12
Unser täglich Brot   13
Der Frischkornbrei   17
Das Keimverfahren   18
Getreide   19
Macht Zucker krank?   22
Naturbelassene Öle und Fette
    erhalten Ihre Gesundheit   24
Gewürze für die Weihnachtsbäckerei   28

Praktischer Teil   35
Vorwort der Verfasser   36

Salate   37
Blumenkohlsalat   37
Paprikasalat   37
Gurken mit Radieschen   38
Gelbe Rüben (Karotten)   38
Champignonsalat   41
Zwiebelsalat   41
Herbstlicher Salat   42
Löwenzahnsalat   42
Champignonsalat (roh)   43
Sellerie-Salat   43
Spitzwegerichsalat   43
Randich mit Kresse   44
Spinatsalat   44
Kürbis-Gurkensalat   45
Kohlrabisalat   45
Gurkensalat   45
Wildgemüse-Cocktail   46

Remstaler Sauerkraut-Frischkost   46
Pikanter Endiviensalat   47
Kohlrabi-Gelbe Rüben-Rohkost   47
Filderkrautsalat   47
Sauerkrautsalat   48
Sauerkrautsalat II   48
Erbsensalat   48
Radieschen-Rohkost   49
Gelbe Rüben-Sellerie-Salat   49
Feldsalat   49
Pikante Randich-Frischkost   50
Randich mit Sellerie   50
Brunnenkresse-Salat   50
Blumenkohl mit Randich   51
Wirsingrohkost   51
Brennesselsalat   51
Sauerkraut-Frischkost "Witwe Bolte"   52
Kohlrabi-Frischkost   52
Blaukrautsalat mit Rosinen   55
Blaukrautsalat II   55
Pikante Salatsoße Nr. 1   56
Feine Salatsoße Nr. 2   56
Kräuter-Salatsoße Nr. 3   56

Suppen   57
Grünkernknöpfle   57
Weckeiergerstensuppe   57
Grünkernsuppe   58
Aufgeschmälzte Brotsuppe   58
Sellerieklöße   58
Feine Käseknöpfle   59
Klare Gemüsebrühe   59

Inhalt

Petersiliensuppe   59
Käsebisquit   60
Brennsuppe – Brennte Mehlsuppe   60
Sauerampfersuppe   60
Käsebrandteigknöpfle   61
Grüne Knöpfle   61
Grießknöpfle   61
Allgäuer Käseknöpfle   62
Brunnenkresseklößle   62
Tomatensuppe   62
Legierte Grünkernsuppe   63
Schwäbische Wasserschnalle   63
Weckschnittsuppe   63

Süße Hauptspeisen   64
Zwetschgennudeln mit Zwetschgensoße   64
Grießauflauf   65
Holderküchle (Holderblüten gebacken)   65
Quarkknöpfle mit heißen Kirschen   66
Quark-Haferflocken-Pudding   66
Träublesauflauf   69
Hirseauflauf mit Äpfeln   69
Haselnußauflauf "Ulmer Spatz"   70
Pfitzauf   70
Allgäuer Nonnenfürzle   70
Apfelmännle   71
Kirschbettelmann   71
Schneiderfleck   72
Nackete Dampfnudeln   72
Ofenschlupfer-Scheiterhaufen   73
Quark-Zwetschgenklöße   73
Gratinierte Stachelbeeren "Hohenstaufen"   74
Versoffene Jungfern   74
Rotweinsoße   74
Apfelquarkauflauf   75

Zwetschgen-Auflauf   75
Rahmstrudel   76
Apfel-Rosinen-Knöpfle   76
Pfannkuchen-Flädle   77
Kirschflädle   77
Apfelflädle   77

Hauptgerichte   78
Morchel-Pfifferling-Goulasch   78
Buchweizen überbacken   78
Schwäbische Schupfnudeln   79
Buchweizenknöpfle   79
Schwarzwurzeln im Teigmantel   79
Gefüllte Kohlräble   80
Kartoffelpuffer   80
Grünkernküchle   83
Linsen   83
Champignon-Nudelauflauf   84
Fildersauerkrautauflauf   84
Pilzauflauf   85
Nudelauflauf   85
Eier-Pilz-Näpfle   86
Krautkapfen   86
Pikanter Hirseauflauf   87
Kohlrabi mit Buchweizenfüllung   87
Gefüllte Kartoffeln   88
Jägertopf   88
Vegetarische Maultaschen   89
Schrotauflauf   89
Spinatpudding   90
Pikanter Quarkauflauf   90
Klößle in Sauerampfersoße   91
Buchweizenflädle   91
Bohnen mit Zwiebelmus   91
Gefüllte Zwiebeln   92

Inhalt

Pikantes Bohnengemüse 92
Topfennudeln 92
Käsekartoffeln 93
Champignon-Topf 93
Ulmer Klößle 93
Kartoffelpudding mit Pilzen 94
Hahnenkammkartoffeln 94
Hirseauflauf 97
Taschnudeln 97
Hiseküchle 98
Sellerieschnitzel 98
Gebackene Lauchstangen 98
Hirseknöpfle 99
Hindelanger Hirseküchle 99
Käse-Zwiebelwähe 100
Gratinierter Fenchel 100
Grünkernküchle "Schwäb. Alb" 101
Feine Käsewecken 101
Feine Wähe 102
Gaisburger Marsch 102
Wirsingwickel mit Pfifferlingen 103
Zwiebelauflauf 104
Reichenauer Zwiebelkuchen 104
Wurschtelauflauf Wangener Art 105
Tomaten-Kartoffelauflauf 105
Käseauflauf mit Tomaten 105
Edelpilz-Käseauflauf 106
Käseauflauf "Isny" 106
Kräuterspätzle 107
Krautspätzle 107
Grüne Krapfen 107
Spinat-Quark-Knöpfle 108
Schupfnudeln auf Fildersauerkraut 108
Kartoffelnudeln 111
Dinkelklößchen 111

Spätzle 112
Apfelspätzle-Apfelspatzen 112
Käsespätzle 112
Schwäbischer Zwiebelkuchen 113
Krautstrudel 113
Gemüseküchle 114
Hefeknöpfle 114
Steinpilze in Rahm 115
Buchweizenküchle 115
Gedünsteter Weizen 115
Kartoffelküchle 116
Bohneneintopf 116
Überbackener Blumenkohl 116
Dill-Rahm-Kartoffeln 117
Kräuterkartoffeln 117
Kartoffellaible 117
Kartoffelkrätzet (-schmarren) 118
Pilzküchle 118
Vollkornküchle 118
Feine Kartoffelnudeln 119
Brot-Käseauflauf 119
Überbackene Maislaible 120
Brenntar/Schwarz-Mus m. greschte Erdäpfel 120
Wirsing mit Sahnehaube 121
Helle Grundsoße 121
Rahmzwiebeln 122
Wirsingpastete 122

Kleiner Imbiß 125
Feiner Käsesalat 125
Käsesalat 126
Schwangauer Gurke 126
Angemachter Käse 127
Angemachter Bierkäse 127
Brunnenkressesalat "Illertal" 127

Inhalt

Pfifferlingsalat 128
Pikanter Salat 128
Frischkäse mit grünem Pfeffer 129
Frischkäse mit Paprika 129
Constatter Kressekäs 129
Getreidesalat 130
Herzhafter Getreidesalat 130
Salat aus gekeimten Dinkelkörnern 130
Grünkernsalat 131
Dinkelsalat "Neckartal" 131
Kartoffelsalat (Grundrezept) 132
Kartoffelsalat mit Sellerie, Käse und Nüssen 132
Bunter Kartoffelsalat 133
Festlicher Kartoffelsalat 133
Nudelsalat 133
Buttermischungen 134
Kräuterbutter I 134
Kräuterbutter II 134
Salbeibutter 134
Estragonbutter 135
Petersilienbutter 135
Pfefferbutter 135
Käse–Birnen 136
Obatzter 136
Remstaler Käsesalat 139
Bohnensalat mit Pfifferlingen 139
Mayonnaise 140
Quarkmayonnaise 140
Kräutermayonnaise 140
Sauce Remoulade 140
Tomatenmayonnaise 140
Sahnemayonnaise 140

Desserts 141
Holdermus mit Apfelspalten 141

Träubles–Sahnequarkdessert 141
Oberstdorfer Äpfel 142
Schwäbischer Obstsalat 142
Kreßbronner Schüssel 143
Mostschaumsoße 143
Prestling–Apfelsalat 143
Brombeerschaum 144
Apfelsalat 144
Badische Bratäpfel 144
Apfel "Gaby" 145
Birnen "Waldgeist" 145

Brot und Gebäck 146
Mürbes Käsegebäck 146
Aniszöpfle 146
Dinkelwecken 147
Roggenweckle 147
Bauernwecken 147
Sonnenblumenbrot 148
Dinkellaib 148
Schwäbisches Bauernbrot 149
Feine Käsewecken 149
Buttermilchmilchbrot 150
Herrenbrötle 150
Käsestangen 153
Käsezöpfle 153

Kuchen und Gebäck 154
Gewürzlebkuchen 154
Haselnußkuchen 155
Träubleskuchen 155
Heilbronner Traubenkuchen 155
Brombeer–Sahnetorte 156
Kornthaler Brötle 156
Feine Buchweizentorte 157

Inhalt

Buchweizenkipferl   157
Württemberger Kranz   158
Feiner Reis–Nuß–Kuchen   158
Hutzelbrot   159
Quark–Ölteig (süß)   159
Heidelbeerstrudel (Grundrezept)   160
Rhabarberstrudel   160
Memminger Zuckerbrot   161
Gebackene Mäusle (Zimtkräpfle)   161
Erdbirabrot–Kartoffelbrot   162
Biberacher Kräpfle   162
Schneckennudeln   163
Kirchweihnudeln   163
Süße Weckle   164
Mürbe Seelen   164
Feigenkugeln   167
Feiner Mürbteig   167
Honigkuchen   168
Augsburger Schmalzzöpfle   168
Biskuitrolle   169
Pfaffenhütchen   169
Ulmer Kuchen   170
Honig–Walnußkuchen   170
Hafermehl–Kekse   171
Hafer–Kekse   171
Zitronen–Nußbrötle   171
Hefezopf   172
Hirse–Gutsle   172
Hirseschnitten   173
Honigbrötle   173
Anisbrot   174
Sesambusserl   174
Gelbe–Rüben–Gugelhupf   175
Käsekuchen   175
Bubenschenkel   176

Heidelbeerbrot   176
Carolinensterne   177
Kaffeeküchle   177

Mix Getränke   178
Milch–Drinks   178
Rettich–Drink   178
Sauerampfer–Drink   178
Karotten–Drink   181
Gurken–Drink   181
Kräuter–Drink   181
Drink "Rotes Liesle"   181
Kohlrabi–Drink   181
Fenchel–Drink   181
Drink "Gartengeflüster"   182
Drink "Dorle"   182

Joghurt–Variationen   182
Honig–Joghurt   182
Früchte–Joghurt   182
Sanddorn–Joghurt   183
Hägemark–Joghurt   183
Karotten–Joghurt   183
Milchmixgetränke (Grundrezept)   184
Träublesmilch   184
Himbeermilch, Pfirsichmilch   184
Kirschmilch   184
Milch mit Hägemark (Hagebuttenmus)   184

Mus und Marmelade   185
Aus eingefrorenen Früchten   185
Aus Trockenfrüchten   185
Rohes Zwetschgenmus   186
Hägemark (Hagebuttenmarmelade)   186
Register   187

Vorwort von Dr. med. M. O. Bruker

Im Zuge der Verbreitung einer vitalstoffreichen Vollwertkost entstehen allenthalben entsprechende Kochbücher, die das notwendige Handwerkszeug für die Umstellung von der krankmachenden üblichen Zivilisationskost, auf die gesund erhaltende Vollwertkost liefern. Der Kreis derer, die begreifen, daß die Krankheitslawine, die die zivilisierten Völker in den letzten Jahrzehnten überrollte, überhaupt etwas mit der Ernährung zu tun hat, wächst erfreulicher Weise in letzter Zeit ständig.

Dies ist zweifellos dem uneigennützigen Einsatz von Wissenschaftlern zu danken, die sich bemühen, die Ergebnisse der modernen Ernährungsforschung unabhängig von mächtigen Interessengruppen, im Volk zu verbreiten und in die Praxis umzusetzen. Trotzdem ist der Anteil der Bevölkerung, der krank machende Eßgewohnheiten zugunsten der Gesundheit aufzugeben bereit ist, noch verhältnismäßig klein; schätzungsweise 5 Prozent. Es liegt also noch ein mühevoller Weg vor uns, bis das nötige Wissen Allgemeingut des Volkes geworden ist.

Deshalb ist es sehr begrüßenswert, daß sich Menschen finden, die sich um die praktische Anwendung in der Küche durch entsprechende Rezepte bemühen.

Nun liegt hier ein Schwäbisches Kochbuch vor. Als Schwabe ist es mir eine besondere Freude, diesem Buch das Geleit zu geben; ich tue dies aber auch gerne als Ernährungswissenschaftler und zugleich als einer, der unermüdlich und maßgeblich an der Entwicklung und Verbreitung einer vitalstoffreichen Vollwertkost beteiligt ist. Ich begrüße das Buch auch als Initiator der Gesellschaft für Gesundheitsberatung (GGB), da die Autoren Gesundheitsberater dieser Gesellschaft sind, die das Ziel hat, die ganze Bundesrepublik Deutschland mit fachlich ausgebildeten Gesundheitsberatern zu überziehen, die speziell auch in den theoretischen und praktischen Grundlagen der neuzeitlichen Ernährungslehre ausgebildet sind. So darf man das Buch auch als eine reife Frucht der GGB ansehen.

Dabei ergibt sich die Frage: Benötigt die Schwäbische Küche mit ihren althergebrachten Spezialitäten eine Anpassung an die neuzeitliche Vollwertkost? Diese Frage ist unbedingt zu bejahen, da ja gerade die schwäbische Küche durch ihren Reichtum an Mehlspeisen und süßen Besonderheiten gekennzeichnet ist. Weil aber gerade die Auszugsmehle und der Fabrikzucker die Hauptverursacher der ernährungsbedingten Zivilisationskrankheiten sind, ist es schon wichtig, einen Weg zu zeigen, wie man zwar bei den geliebten Gewohnheiten bleiben aber doch durch kleine Rezeptänderungen die gesundheitlichen Aspekte mit einbeziehen kann.

Hier ist die Lösung, wie man gut essen und doch eine Reihe von Krankheiten vermeiden kann, die mit Sicherheit ernährungsbedingt sind: Die Zähne bleiben gesund; Erkrankungen des Bewegungsapparates, die sogenannten rheumatischen Erkrankungen, die Arthrose und Arthritis, die Wirbelsäulen– und Bandscheibenschäden sind ebenso vermeidbar wie alle Stoffwechselkrankheiten z.B. Fettsucht, Zuckerkrankheit, Leberschäden, Gallensteine, Nierensteine, Gicht usw.

Ernährungsbedingt sind auch die meisten Erkrankungen der Vedauungsorgane wie Stuhlverstopfung, Leber-, Gallen-, Bauchspeicheldrüsen- und Dickdarmerkrankungen, viele Verdauungs- und Fermentstörungen, Gefäßerkrankungen wie Arteriosklerose, Herzinfarkt, Schlaganfall und Thrombose. Auch mangelnde Infektabwehr, die sich in immer wiederkehrenden Katarrhen und Entzündungen der Luftwege, den sogenannten Erkältungen, und in Nierenbecken- und Blasenentzündungen äußert, gehören ebenso dazu, wie manche organische Erkrankung des Nervensystems.

Alle diese Krankheiten sind durch eine Ernährung, wie sie in diesem Buch angegeben ist, vermeidbar. Auch eine zweite Frage ist zu bejahen, ob ein Rezeptbuch für die schwäbische Küche auch für das gesamte Bundesgebiet von Interesse ist. In der Nachkriegszeit haben sich die Grenzen zwischen den Menschen der einzelnen Bundesländer stark verwischt. Dies gilt auch für die Eßgewohnheiten, so daß in mancher Familie, die aus Norddeutschland oder Schlesien stammt, schwäbische Gerichte Eingang gefunden haben und umgekehrt.

So wie die Schwaben in aller Welt anzutreffen sind, wird auch dieses Buch dazu beitragen, daß die schwäbische Küche – an die neuzeitliche Ernährungsweise angepaßt – über die Grenzen Württembergs hinaus ihren Weg findet.

Dr. med. M.O. Bruker

Dr. med. M. O. Bruker, 1909 in Reutlingen/Württemberg geboren, befindet Dr. Bruker sich bereits seit langem im Rentenalter. Trotzdem arbeitet er unermüdlich oft über 12 Stunden täglich im Krankenhaus Lahnhöhe, wo er seit dem 1. Juni 1977 als Chefarzt tätig ist. Diese Leistung in seinem Alter ist sicherlich auf seine biologische Lebensweise und vollwertige Ernährung zurückzuführen. So ist es auch nicht verwunderlich, daß er vor allen Dingen als Ernährungsexperte bekannt geworden ist.

Im Krankenhaus Lahnhöhe strebt Dr. Bruker anstelle der üblichen symptomatischen Linderungsbehandlung eine echte Heilbehandlung der Krankheiten durch Ausschaltung der Krankheitsursachen an. Die Ganzheitsmedizin umfaßt jedoch nicht nur die ernährungsbedingten, sondern auch die lebensbedingten Erkrankungen. Diese Erkrankungen sind nur versteh- und heilbar, wenn das gesamte Leben des Menschen, d.h. seine Vergangenheit und Erlebnisse mit berücksichtigt werden. Dann zeigt sich, daß hinter zahlreichen Herz- und Kreislaufstörungen und dem Heer sogenannter "nervöser Krankheiten" solche lebensbedingten Krankheiten stecken. In vielen wissenschaftlichen Arbeiten und zahlreichen Büchern geht es ihm vorwiegend um die Verhütung der Zivilisationskrankheiten, deren lawinenartiges Anwachsen zu der Kostenexplosion im Krankheitswesen geführt hat.

Was ist Vollwertkost?

Das Leben ist ein einziger zusammenhängender Vorgang und wenn er nicht gestört wird, entsteht das Gesunde von selbst und ist kein Problem. Zum Problem wurde es erst durch den Menschen. Durch seine Maßnahmen, wie er sie an der Nahrung vorgenommen hat: Denaturierung durch erhitzen, konservieren und präparieren. Die ständig ansteigenden Krankenziffern lassen eindeutig erkennen, daß die zivilisierte Welt auf einen katastrophalen Gesundheitszustand zusteuert. Die Zahl der ernährungsbedingten Krankheiten ist breitgefächert wie Sie aus dem Vorwort von Dr. med. M. O. Bruker ersehen können.

Unsere tägliche Nahrung soll ja nicht nur zur Sättigung und Befriedigung des Hungers dem Körper zugeführt werden, sondern hat in erster Linie die Aufgabe, die Antriebsstoffe für ein reibungsloses funktionieren der Körperorgane zu liefern. Das Ziel der täglichen Nahrung muß die Erhaltung und Förderung der Gesundheit sein.

Die Basis einer vollwertigen Ernährung ist die vitalstoffreiche, naturbelassene Kost. Nach den Forschungen des Ernährungswissenschaftlers Prof. Werner Kollath unterscheiden wir Lebensmittel und Nahrungsmittel. Lebensmittel haben noch einen eigenen Stoffwechsel und Nahrungsmittel sind je nach Grad der Erhitzung oder Konservierung minderwertig. Diese sollten möglichst geringfügig verwendet werden.

Vitalstoffe sind ein Sammelbegriff für alle biologischen Wirkstoffe: Vitamine, Fermente, Mineralstoffe, Aromastoffe und die ungesättigten Fettsäuren. Ein Mangel an diesen biologischen Wirkstoffen ruft Krankheiten hervor.

Es ist daher erforderlich, die Vitalstoffe in natürlicher Form dem menschlichen Organismus zuzuführen. Die Vitalstoff-Forschung ist noch nicht abgeschlossen; Mineralstoffe und bisher unbekannte Vitamine werden laufend entdeckt. Da diese noch nicht restlos erforscht sind, können sie auch nicht auf künstlichem Wege hergestellt werden. Die Wirkungskraft der künstlichen Vitamine ist gemindert und gestört. Als optimale Gesundheitsvorsorge ergibt sich ein Frischkostanteil von 1/3 der täglichen Nahrung. Die Auswahl an Obst, Gemüsen und Blattsalaten sollte sehr abwechslungsreich sein und sich nach der Jahreszeit richten. Bei den Gemüsearten ist stets darauf zu achten, zur einen Hälfte über der Erde und zur anderen Hälfte unter der Erde gewachsene Gemüse zu kombinieren. Die natürlichen Inhaltsstoffe sollen sich ergänzen und die Bedarfsdeckung sicherstellen.

Wichtig ist, daß bei jeder Mahlzeit die Frischkost als erster Gang gegessen wird. Nach dem Motto: "Man soll den Bummelzug nicht vor dem Eilzug fahren lassen", denn Frischkost ist leichter verdaulich und dient, durch die Vitalstoffe, als Wegbereiter des Verdauungsvorganges.

Das noch verbleibende 2/3 kann als erhitzte Kost verzehrt werden.

Die Bedeutung der biologischen Vollwertkost kann nicht deutlich genug in den Vordergrund gestellt werden. Mit einem Optimum lebendiger, natürlicher Wirkstoffe wurde die "Heilkraft" der vollwertigen Ernährung von Dr. Bircher-Benner, Dr. med. M.O. Bruker, Prof. Werner Kollath u.a. nachgewiesen und an zehntausenden Patienten erfolgreich bestätigt.

Unser täglich Brot

Eine der wichtigsten Krankheitsursachen ist unser tägliches Brot. Ausgerechnet dieses Hauptnahrungsmittel hat in den letzten 100 Jahren eine vollkommene Wandlung erfahren. Früher wurde für die Herstellung von Brot das volle Korn zum Mahlen des Mehls verwendet. Im Zuge der Industrialisierung und um eine längere Lagerfähigkeit des Mehles zu erreichen, wurde der ölhaltige Keim und die Randschicht des Kornes entfernt, und es blieb nur noch der Mehlkörper, das isolierte Kohlenhydrat, übrig.

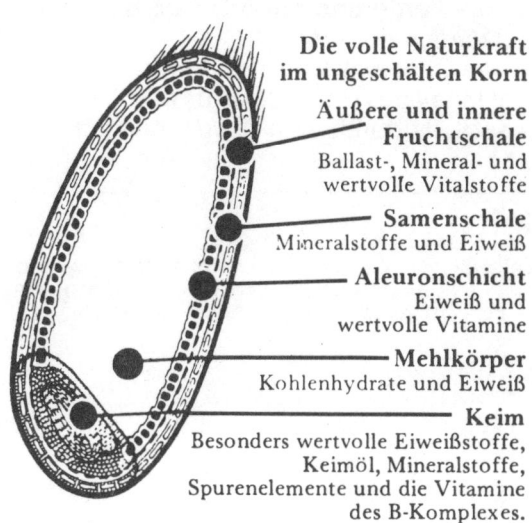

Die volle Naturkraft im ungeschälten Korn

Äußere und innere Fruchtschale
Ballast-, Mineral- und wertvolle Vitalstoffe

Samenschale
Mineralstoffe und Eiweiß

Aleuronschicht
Eiweiß und wertvolle Vitamine

Mehlkörper
Kohlenhydrate und Eiweiß

Keim
Besonders wertvolle Eiweißstoffe, Keimöl, Mineralstoffe, Spurenelemente und die Vitamine des B-Komplexes.

Durch diesen Veränderungsprozeß wird das natürliche Gefüge des Korns zerstört. Für den Stoffwechsel des Auszugsmehles und deren Produkte stehen im Körper nicht mehr die erforderlichen Vitalstoffe zur Verfügung. Auch der Mineralstoffgehalt schwindet. Nach der alten Kalorienlehre war der Brennwert des Nahrungsmittels weitgehend entscheidend, also mußten nur die Kohlenhydrate in der täglichen Nahrung enthalten sein. Alle anderen Inhaltsstoffe galten als überflüssig und als zusätzlicher Ballast für den Körper.

Da gerade die Vitamine aus dem B-Komplex für die gesamten Stoffwechselvorgänge im Körper entscheidend sind, leiden 60 – 70 Prozent aller Menschen unter Stoffwechselstörungen, weil mit der Veränderung des Getreides insbesondere das Vitamin B 1 entfernt wird.

Ohne Vollkornbrot entstehen Mangelkrankheiten

Besteht die tägliche Nahrung nicht aus Vollkornprodukten, (Vollkornbrot, Vollkornkuchen, Vollkornnudeln usw.), so entsteht eine dauernde Unterversorgung an Vitaminen und Mineralstoffen. Daß diese Fehlversorgung auf Dauer zu Krankheiten führt, ist sicher verständlich.

Unser menschlicher Körper ist in der Lage, viele Verstöße gegen seine eigentliche Natur hinzunehmen und auszugleichen. Werden jedoch Fehler in der Ernährung über Jahre hinaus gemacht, dann müssen zwangsläufig Erkrankungen auftreten.

Unser täglich Brot

Vermeiden Sie daher möglichst alles, was aus Auszugsmehl hergestellt wurde. Dazu gehören alle Weiß– und Graubrote, Gebäck und Kuchen. Auch dunkles Brot, also Graubrot, kann lediglich ein Auszugsmehlprodukt sein. Durch die Entfernung der Randschichten und des Getreidekeims fehlen im Auszugsmehl lebenswichtige Inhaltstoffe, vor allem die Vitamine der Gruppe B. Gerade diese Vitamine sind notwendig, um die Kohlenhydrate des Korninnern für den Körper verwertbar zu machen. Sie sehen also, daß die Natur alle Lebensmittel geordnet zusammenstellt.

Warum sollten wir dies zu unserem Nachteil ändern? Ersetzen Sie also alle Auszugsmehlprodukte durch Vollkornprodukte: Vollkornbrot und –brötchen, Vollkornkuchen und –plätzchen, Vollkornnudeln. Achten Sie bitte beim Einkauf darauf, daß diese Produkte aus frisch gemahlenem Vollkornmehl hergestellt wurden.

Wie wichtig dies ist, wird immer wieder unterschätzt. Aus der Tabelle *Der Mehl–Vergleich* können Sie ersehen, wie groß der gesundheitliche Unterschied zwischen frisch gemahlenem und 14 Tage altem Vollkornmehl ist. Selbst beim erhitzten Vollkornmehl, bei dem ja auch schon einige Inhaltsstoffe zerstört wuden, ist die Gesundheit noch über Generationen hinaus gewährleistet. Bei gelagertem Vollkornmehl, wie es normalerweise in den Bäckereien verwendet wird, ist dies nicht der Fall.

Warum frisch geschrotet?

Sicher haben Sie in den letzten Jahren auch immer wieder die Forderung gehört: *Laßt die Lebensmittel so natürlich wie möglich!.*
Durch die Zerkleinerung des Kornes beim Mahlen wird der Inhalt des Getreidekorns dem Luftsauerstoff ausgesetzt, wodurch eine Oxydation stattfindet. Da-

Der Mehlvergleich

Daß ein erheblicher Unterschied zwischen frisch gemahlenem und 14 Tage altem Vollkornmehl besteht, haben die Forscher Kühnau und Bernasek in Versuchen festgestellt. Dabei wurde beobachtet, wie sich die Zahl der Nachkommen bei unterschiedlicher Kost im Laufe der Generationen verändert. Die einzelnen Gruppen von Versuchstieren wurden neben 50 % normaler Kost zu 50 % mit folgendem gefüttert:

	1.	2.	3.	4.
Gruppe I: frisch gemahlenes Vollkornmehl	11,3	9,7	12,3	12,0
Gruppe II: Brot aus frisch gemahlenem Vollkornmehl	12,3	9,5	9,3	11,6
Gruppe III: 14 Tage altes Vollkornmehl	9,5	4,5	3,2	--
Gruppe IV: Brot aus 14 Tage altem Vollkornmehl	8,0	3,5	2,0	--
Gruppe V: Auszugsmehl	8,0	4,0	1,2	--

bei gehen viele lebenswichtige Vitalstoffe verloren. Bereits nach kurzer Zeit ist das geschrotete Mehl für unsere Gesundheit wertlos!

Um der Forderung des weltbekannten Ernährungsforschers Prof. Dr. Kollath nachzukommen muß das Getreide vor jeder Zubereitung frisch gemahlen werden.

Unser tägliches Brot

Die Lebensmittel so natürlich wie möglich zu belassen, ist, was das Getreide betrifft, nicht schwer. Beachten Sie bitte einfach zwei wichtige Punkte:

1. Verwenden Sie möglichst immer Getreide aus biologischem Anbau, denn nur die gesunde Pflanze ist im Stande, die unzähligen Mineralstoffe (bisher 92 erforschte) aus dem Steinmaterial der Erde zu lösen, aufzunehmen, umzuwandeln und durch sich selbst an uns Menschen weiterzugeben.
2. Mahlen Sie Ihr Getreide selbst auf möglichst schonende Weise, und zwar vor dem Verzehr die Menge, die Sie gerade frisch benötigen.

Sie können fast alles, was Sie heute aus Augszugsmehl essen, auch als Vollkornprodukt erhalten und zu sich nehmen. Angefangen beim Weiß- und Graubrot, das durch verschiedene Arten Vollkornbrot ersetzt werden kann. Auch Vollkornbrot ist keinesfalls eintönig oder einseitig. Mit Vollkornbrot können ebensoviel Variationsmöglichkeiten hergestellt werden wie mit Auszugsmehl.

Meistens bekommen Sie diese Dinge nur in den Reformhäusern und Naturspeiseläden.

Es ist daher für jeden Haushalt wichtig, eine Vollkornmühle zu besitzen, mit der Sie Ihr Getreide frisch schroten und mühlenwarm verarbeiten können.

Graubrot nicht besser als Weißbrot

Daß Graubrot besser ist als Weißbrot, ist ein weitverbreiteter Irrtum. Ebenso hört man oft, daß Roggenbrot oder Roggenbrötchen (da sie etwas dunkler sind), gesundheitlich besser sind als Weißmehlprodukte. Hierin liegt jedoch ein entscheidender Irrtum. Sowohl das Roggen– als auch das Weizenbrot werden in der Regel aus Auszugsmehl hergestellt. Aus beiden Getreidearten können Sie auch Vollkornmehl herstellen. Das Vollkornmehl kann jedoch nicht aufgrund der Farbe vom Auszugsmehl unterschieden werden. Ebenso ist der Irrtum weit verbreitet, daß nur ein Brot, in dem noch ganze oder halbe Körner sind, auch ein Vollkornbrot ist. Dies stimmt ebenso wenig. Es ist möglich, das Vollkornmehl fast genauso fein zu mahlen wie das Auszugsmehl. Durch diesen Mahlprozeß wird das volle Korn jedoch nicht entwertet, sondern nur zerkleinert. Ebenso kann ein entkeimtes Korn auch zu einem grob geschroteten Brot aus Auszugsmehl verarbeitet werden.

Entscheidend ist nicht, wie fein oder grob ein Mehl gemahlen ist oder welche Farbe es hat, sondern entscheidend ist nur, ob der Keim und die Randschicht des Korns mitverarbeitet und vermahlen werden oder ob diese vor der Verarbeitung entfernt werden.

Auch rohes Getreide ist wichtig

Das Vollkornbrot und alle Vollkorngebäcke sind durch den Erhitzungsprozeß leider auch schon wieder etwas unnatürlich gemacht. Einige Vitamine und vor allen Dingen die Enzyme sind angegriffen oder zerstört. Aus diesem Grund sollten Sie täglich etwas rohes Korn in Form eines Frischkornbreies (s.S. 17) zu sich nehmen. In diesem rohen Korn sind noch alle lebenswichtigen Inhaltsstoffe enthalten. Dieser Frischkornbrei dient als wichtige Grundlage für eine gesunde Ernährung. Der Frischkornbrei eignet sich ganz besonders als Frühstück oder aber auch zu jeder anderen Mahlzeit. Dies kommt auf den Geschmack und die Gewohnheit des Einzelnen an.

Kinder lassen sich mit dem Frischkornbrei sehr gut überzeugen. Ein Frühstück aus Haferflocken kann nicht den Frischkornbrei ersetzen, da die Haferflocken meist nicht aus dem vollen Korn hergestellt sind und zur Haltbarmachung einem entsprechenden Erhitzungsprozeß und anderen Verarbeitungen unterworfen wurden.

Ihre Vollkornmühle benötigen Sie täglich

Falls Sie nicht selbst backen wollen (was sicher schade ist, wenn ich an ein frisches duftendes Brot denke), dann beginnen Sie aber auf alle Fälle mit dem Frischkornbrei.
Viele Menschen scheuen jedoch die Anschaffung einer Getreidemühle, wenn Sie erst mit der Ernährungsumstellung beginnen.
Aber falls auch Sie diese Ausgabe scheuen, fangen Sie zunächst ganz einfach mit einer alten elektrischen Kaffeemühle an und schroten Sie darin das Korn für den Frischkornbrei. Wenn Sie erst eine Weile mit der neuen Ernährung gelebt haben, können Sie selbst entscheiden, welche Getreidemühle für Ihren Haushalt am besten geeignet sein wird.

Der Frischkornbrei

Der Frischkornbrei ist die Basis der vollwertigen, natürlichen Ernährung.

Das Getreide ist der Hauptlieferant des gesamten Vitamin–B–Komplexes. Vollkornprodukte, auch das Vollkornbrot aus frisch gemahlenem Getreide, sind nicht ausreichend für die Deckung des täglichen Bedarfs an Vitalstoffen, infolge der Erhitzung des Getreides beim Backen. Der tägliche Genuß des Frischkornbreies in unerhitzter Form ist daher unerläßlich. Für den Frischkornbrei können sämtliche Getreidearten verwendet werden, wie Weizen, Gerste, Roggen, Hafer, Buchweizen, Dinkel und Hirse.

Sie können nur Weizen verwenden, oder mit anderen Getreidearten kombinieren z.B. Weizen, Buchweizen und Roggen, oder auch sämtliche Getreidesorten gemischt. Hirse und Buchweizen empfehlen wir nicht zu schroten, sondern ganz zu verwenden. Beim fertig gemischten Sechskorn kann jedoch beides mitgemahlen werden. Wichtig ist, daß das Getreide jedesmal frisch geschrotet wird, damit sämtliche biologischen Wirkstoffe erhalten bleiben. Es spielt aus gesundheitlicher Sicht jedoch keine Rolle, ob Sie eine Getreidemühle mit Stein– oder Stahlmahlwerk verwenden. Eine Übersicht über gängige Getreidemühlen erhalten Sie in der Broschüre "Gesundheit ist kein Zufall", die Sie gegen DM 1,50 Porto beim biovertrieb gesundleben in 8959 Hopferau anfordern können.

Sämtliche Zutaten für den Frischkornbrei müssen eine gute Qualität haben. Achten Sie darauf, daß die Produkte möglichst aus biologischem Anbau sind. Das Getreide muß keimfähig sein.

Rezept Frischkornbrei

pro Person rechnet man 3 Eßl. Frischgetreide

12 Eßl. Getreide
ca. 600 g frische Früchte z.B. Bananen,
Zwetschgen, Trauben, Orangen, Birnen,
verschiedene Beeren usw.
Saft einer ausgepreßten, unbeh. Zitrone
2 Äpfel
1 Eßl. Honig
2 Eßl. Leinsamen ganz
50 g Nüsse (abwechselnd versch. Sorten)
1/8 ltr. Rahm (süße Sahne)

Das Getreide oder die Getreidemischung wird in der Getreidemühle gemahlen, mit kaltem Leitungswasser vermengt, so daß ein dicker Brei entsteht. Er soll mindestens 4, höchstens 12 Stunden quellen. Am besten ist es, das Getreide abends anzusetzen und über Nacht zugedeckt stehen zu lassen. Am Morgen vor dem Frühstück gibt man Zitronensaft, die kleingeschnittenen Früchte der Jahreszeit, Honig, den Leinsamen und die Sahne hinzu. Die Äpfel werden zum Schluß grob graspelt oder feingerieben und sofort untergemengt, damit sie nicht oxydieren. Füllt den Frischkornbrei portionsweise ab, garniert mit Früchten und Nüssen. Er sollte stets abwechslungsreich zubereitet werden.

Abwandlungen Frischkornbrei

Das reiche Angebot der Früchte ist uns hier hilfreich. So können auch Trockenfrüchte verwendet werden, die jedoch abends separat eingeweicht werden müssen.

Zur Abwechslung können auch steifgeschlagene Sahne, flüssige Sahne, Joghurt oder Quark Anwendung finden. Äpfel sollten stets verwendet werden – grob geraspelt oder fein gerieben. Der Honig sollte bei süßen Früchten weggelassen werden.

Der Frischkornbrei nach Dr. Evers besteht aus Roggen, Weizen oder einem Gemisch von beidem. Das Getreide wird nach dem weiter unten beschriebenen Keimverfahren angekeimt. Zubereitet wird der Frischkornbrei dann nach einer Keimzeit von ca. 3 Tagen mit den gleichen Zutaten wie auf Seite 17 beschrieben.

Diese Variante ist besonders zu empfehlen, wenn Sie noch keine Getreidemühle haben oder Ihre Mühle einmal in Reparatur ist. Allerdings ist kräftiges Kauen unerläßlich.

Das Keimverfahren

Die meisten Samenarten eignen sich zum Keimen, um sie anschließend zu einem Frischkornbrei oder Salat zuzubereiten. Als Dekoration, zur Geschmacksverbesserung oder auch einfach aus gesundheitlichen Gründen eignen sich die gekeimten Samen, insbesondere das Getreide, auch vorzüglich als Beigabe zu vielen Salaten.

Das Keimverfahren ist recht einfach und es sind keinerlei Geräte erforderlich, die nicht sowieso im Haushalt vorhanden sind:

Das Getreide darf wegen der unterschiedlichen Keimzeiten nicht gemischt werden, sondern muß getrennt gekeimt werden (z.B. Roggen und Weizen).

Der Samen wird abends mit einem großen Glas Wasser übergossen, so daß alles bedeckt ist. Am nächsten Morgen das Wasser abgießen, die Samen abbrausen und ohne Wasser über Tag stehen lassen. Am Abend wieder mit frischem Wasser übergießen usw., bis der Keimling die richtige Größe je nach Verwendungszweck erreicht hat. Für den Frischkornbrei ca. 1/3 cm. Für diese Größe dauert die Keimzeit ca. 3 Tage. Die Samen sollen in Zimmertemperatur stehen.

Getreide

Seit Jahrtausenden war das Getreidekorn in Europa die Hauptnahrungsquelle der Menschen und damit auch gleichzeitig die Grundlage ihrer Gesundheit. Brecht schreibt: *Das Getreidekorn ist von einer biologisch einzigartigen Ausgeglichenheit und Harmonie. Da ist zunächst ein ideales Verhältnis von Kohlenhydrat, Eiweiß und Fett. Dann enthält es die für den Körper wichtigsten Mineralien reichlich und in einem Verhältnis wie es vom Körper gebraucht wird, insbesondere ist das Verhältnis von Kalium und Magnesium etwa das gleiche, wie es in den Nerven und im Gehirn vorkommt. Dann sind eine Reihe sehr wertvoller Spurenelemente vorhanden, wie Kupfer, Aluminium, Nikkel, Kobalt, Zink, Vanadium, Gold, Mangan und der Roggen enthält außerdem Fluor.*

Das Getreide wurde bis zur Industrialisierung im 19. Jahrhundert, aber auch alle Gemüse, das Obst, Honig, Milch, Eier, Käse und Ölfrüchte, weitgehend roh verzehrt. Erst die fortschreitende Industrialisierung und Technisierung führte dann zur Denaturierung dieser für den Menschen notwendigen Lebensmittel. Damit aber begann ein für den Menschen verhängnisvoller Kreislauf.

Bei der heute allgemein üblichen Verarbeitung des Getreides zu feinem Auszugsmehl wird nicht nur der gesamte Keim abgetrennt, sondern auch die wertvolle Aleuronschicht, sowie Samen und Fruchtschale (siehe Abb. S. 13). Übrig bleibt der stärkehaltige Mehlkörper – das minderwertige Auszugsmehl. Es ist aller lebenden Substanzen beraubt.

Vitalstoffgehalt	Auszugsmehl mg/kg	Vollkornmehl mg/kg
Vitamin B 1	0,7	5,1
Vitamin E	–,–	24
Provitamin A	–,–	3,3
Nicotinsäureamid	7,7	57
Pantothensäure	23	50
Kalzium	60	120
Kalium	1150	4730
Eisen	7	44

Obenstehende Tabelle veranschaulicht den krassen Vitalstoffverlust, den das Vollgetreide erleidet, wenn aus ihm ein Auszugsmehl hergestellt wird (nach Dr. Bruker).

Wichtigster Vitalstoff und unentbehrlicher Bestandteil beim Getreidekeim ist der außerordentlich hohe Anteil an Vitamin B 1. Kein anderes Lebensmittel verfügt über mehr Vitamin B 1, so daß das ganze volle Korn Hauptlieferant dieses Vitamins für die menschliche Nahrung ist, d.h. ohne Vollkorngetreide bleibt der Mensch mit Vitamin B 1 unterversorgt.

Der durchschnittliche Vitamin B 1 Gehalt unserer Zivilisationskost liegt bei 0,8 mg täglich. Die Weltgesundheitsorganisation hat den Mindestbedarf jedoch mit 1,5 mg täglich festgelegt, also nahezu doppelt so viel. Eine vollwertige Nahrung, wie sie früher war, als das Vollgetreide noch Grundnahrungsmittel war, enthielt etwa 5 mg Vitamin B 1 pro Tag. Ohne Vitamin B 1 gibt es keinen normal funktionierenden Kohlenhydratstoffwechsel. Je mehr Kohlenhydrate dem Körper zugeführt werden, um so mehr Vitamin B 1 benötigt er für deren Abbau in Traubenzucker und Kohlensäure.

Die Unterversorgung an Vitamin B 1 – sie ist eine chronische Erscheinung bei allen zivilisierten Völkern – führt zwangsläufig zu Stoffwechselstörungen und somit langfristig zu Erkrankungen der entsprechenden Stoffwechselorgane. Vor allen Dingen das Nervengewebe benötigt das meiste Vitamin B 1.

Getreidearten

Es gibt sieben Getreidearten, deren individuelle Eigenarten durch die klimatischen und geographischen Verhältnisse in den Ursprungsländern bedingt sind:
Gerste, Weizen, Roggen, Hafer, Hirse, Reis und Mais.
Der Buchweizen ist zwar ebenfalls eine Körnerfrucht, gehört aber nicht zu der Familie der Gräser und somit nicht zum Getreide. Er ist ein Knöterichgewächs, das jedoch ernährungsphysiologisch nicht uninteressant ist.

Gerste

Sie zählt neben dem Weizen zu den ältesten Kulturgütern der Menschen. Ihre Wildform stammt vermutlich aus den Fels- und Steppenböden des Orients. Sie war aber schon in der Alt- und Jungsteinzeit ein geschätztes Grundnahrungsmittel in Europa. Sie ist heute in der ganzen Welt verbreitet sowohl im hohen Norden, als auch in 2000 m Höhe der Alpen.
Für die Gerste eignen sich folgende Gewürze bei der Zubereitung: Basilikum, Salbei, Thymian, Koriander.

Weizen

Er kommt vermutlich aus Mittelasien. Schon 4000 v. Chr. war er neben der Gerste in Ägypten Grundlage der Nahrung.

Der Weizen vereinigt wie keine andere Getreidesorte alle Eigenschaften in sich. Er ist sozusagen harmonisch abgerundet.

Der Vollweizen ist dank seines hohen Proteingehaltes (11 – 13 %) und seine wohlausgewogenen Mineralien, Spurenelementen und Fetten ein außerordentlich wertvolles Grundnahrungsmittel.

Weizen kann neben dem Mais die größte Zahl von Untersorten aufweisen (über 12.000). Eine bekannte Abart ist das Schwäbische Korn oder Dinkel genannt. Es war das Korn der Alemannen und in Süddeutschland weit verbreitet.

Der Weizen zeichnet sich durch eine gute Backfähigkeit aus, die den Bestandteilen Glutenin und Gliatin zu verdanken ist.

Für den Weizen eignen sich folgende Gewürze bei der Zubereitung:
Koriander, Basilikum, Rosmarin, Majoran und Liebstöckel.

Roggen

Typisch für den Norden, obwohl auch er erstmals im Osten kultiviert wurde, gelangte er um die Bronzezeit herum nach Mitteleuropa und war sogar um 600 v. Ch. Hauptnahrungsbestandteil. Roggen ist besonders nahrhaft; sein hoher Kalium- und Fluorgehalt wirkt sich günstig auf die Leber und die Schmelzbildung der Zähne aus.

Für den Roggen eignen sich folgende Gewürze bei der Zubereitung:
Kümmel, Wacholder, Lorbeer, Rosmarin oder Thymian.

Hirse

Sie ist so alt wie die Gerste. Ihre Heimat ist Mittelasien bzw. das nördliche Ostindien. Nomaden brachten sie nach Europa und im Mittelalter war sie Hauptnahrungsmittel der Armen.

Der wachsende Einfluß der Kartoffel und des Mais führte dazu, daß die Hirse aus Deutschland verschwand.

Wie Hafer und Gerste ist die Hirse ein Spelzgetreide, welches erst der Schälung bedarf. Auch noch danach ist sie ein äußerst vollwertiges Vollkornprodukt mit einem hohen Anteil an Silicium (Kieselsäure), Fluor, Magnesium, Kalium, Phosphor und Eisen.

Für die Hirse eignen sich folgende Gewürze bei der Zubereitung:

Lauch, Petersilienwurzel, Sellerie, Zwiebel, Möhren, Pastinaken oder Dill, Koriander und Fenchel, Ingwer und Koriander oder auch Wacholder und Lorbeer.

Hafer

Er gilt als europäisches Urgetreide. Er war die Hauptnahrung der Germanen und im Mittelalter neben der Gerste die gebräuchlichste Getreideart. Er bringt einen gestörten Eiweiß- und Mineralstoffwechsel wieder ins Lot.

Für den Hafer eignen sich folgende Gewürze bei der Zubereitung:

Thymian, Kümmel oder Koriander, Fenchel.

Reis

Er gilt als Getreide des Ostens und ist heute in Asien noch ein vollwertiges Grundnahrungsmittel. Die Hälfte aller Asiaten leben von diesem Vollgetreide. Der Reis ist natriumarm. Er besitzt leicht verdauliches Eiweiß.

Mais

Die ursprüngliche Heimat ist wahrscheinlich Mexiko. Er ist in Verbindung mit einer abwechslungsreichen Getreideküche eine ideale Ergänzung.

Buchweizen

Als Knöterichgewächs ist er unter anderem mit dem Sauerampfer und dem Rhabarber verwandt. Seine Heimat ist vermutlich Nepal und China. Die Früchte gehörten früher in Rußland und anderen slawischen Ländern zur Grundnahrung. Der Buchweizen ist leicht bekömmlich, eine ideale Ergänzung zu den übrigen Getreiden, da seine Proteine auch reichlich die essentielle Aminosäure Lysin enthält, die in den Getreiden nur spärlich vorhanden ist.

Hervorzuheben ist eine besondere Eigenart des Buchweizens: Im Gegensatz zum Weizen läßt sich die Knöterichpflanze durch Kunstdüngergaben nicht im Ertrag steigern.

Macht Zucker krank?

Ja – ihre Süßspeisen lieben die Schwaben über alles. Deshalb ist es so wichtig, daß wir den Zucker einmal etwas genauer unter die Lupe nehmen, denn der Zucker ist wohl das umstrittenste Nahrungsmittel. Einerseits wird ihm viel Gutes nachgesagt, andererseits wird behauptet, daß er der Gesundheitsfeind Nr. 1 sei. Wir wollen daher anhand wissenschaftlicher Grundlagen untersuchen, was an diesen Vorwürfen wirklich dran ist. Welche Auswirkungen er auf unsere Gesundheit hat und wie unsere Einstellung zum Zuckerverzehr sein sollte.

Am besten ist es, wenn Sie alles das, was Sie bisher über den Zucker gehört oder gelesen haben, aus Ihrem Gedächtnis streichen. Nehmen Sie die hier gegebenen Informationen ohne Vorurteile auf, auch wenn sie Ihnen unangenehm sind, weil Sie selbst sehr gerne Zucker essen. Nur dann können Sie sich wirklich ein Urteil bilden. Seien Sie für alle Informationen aufgeschlossen, auch wenn Ihnen das hier erworbene Wissen um die wirklichen Zusammenhänge in einigen Dingen nicht gefällt.

Was ist Zucker?

Damit sind wir gleich bei der wichtigsten Frage. Zukker kommt in zahlreichen Früchten und auch in anderen Lebensmitteln als ganz natürliche Substanz vor. Auch wird im Stoffwechsel Ihres Körpers auf natürliche Art und Weise Zucker produziert. Diese Arten des natürlichen Zuckers unterscheiden sich jedoch ganz kraß vom Fabrikzucker.

Fabrikzucker ist die Substanz, die aus Zuckerrüben, Zuckerrohr oder anderen Produkten durch chemi-sche und physikalische Bearbeitungsmethoden gewonnen wird. Da diese Verarbeitung in einer Fabrik stattfindet, nennen wir ihn auch Fabrikzucker. Wir teilen somit den Zucker in zwei große Gruppen ein: Einmal den natürlichen Zucker, wie er in der Natur vorkommt. Zum anderen den Fabrikzucker, wie er durch bestimmte Arbeitsprozesse in einer Fabrik aus Naturprodukten gewonnen wird und dann als isoliertes Kohlenhydrat angeboten wird.

Fabrikzucker ist ein Vitamin–B–Räuber

Damit Sie Fabrikzucker in Ihrem Körper verarbeiten können, wird vorwiegend das Vitamin B 1 verbraucht. Nun haben Wissenschaftler festgestellt, daß der Durchschnittsmensch ca. 1,5 Milligramm Vitamin B 1 pro Tag benötigt. Aufgrund der Ernährungsgewohnheiten der Bevölkerung erhält der Durchschnittsmensch aber nur ca. 0,8 mg des Vitamins B 1 zugeführt. Neben diesem Defizit des Vitamins B 1 tritt noch der Fabrikzucker als "Vitamin–B–Räuber" auf. Das bedeutet, daß Sie bereits mit Vitamin B 1 unterversorgt sind. Wenn Sie Fabrikzucker zu sich nehmen, wird diese Situaton noch verschlechtert, da der Fabrikzucker Vitamin B 1 verbraucht. Das durch den Fabrkzucker verbrauchte Vitamin B 1 steht somit für andere wichtige Aufgaben, insbesondere den Stoffwechsel, nicht mehr zur Verfügung.

Zucker–Krankheiten beginnen bei den Zähnen!

Die Zähne sind der Gradmesser der Gesundheit. Der Fabrikzuckerkonsum macht sich in ganz extremem Maße an Ihren Zähnen bemerkbar. Wenn Sie regelmäßig Fabrikzucker oder fabrikzuckerhaltige Nahrungsmittel essen, können Sie sich gleichtzeitig ein Dauerabonnement beim Zahnart besorgen.

Sie können natürlich durch eine entsprechende Zahnpflege eine Linderung erreichen. Der Fortschritt der Zahnerkrankungen kann dadurch jedoch nicht aufgehalten werden. Erst wenn Sie gleichzeitig auf Fabrikzucker und auf alle damit gesüßten Speisen verzichten, können Sie zu einer wirklichen Zahngesundheit kommen.

Ihre Zähne sind jedoch nur das äußere, für jeden sichtbare Zeichen eines im Körper arbeitenden Zerfalls– und Zerstörungsprozesses. Deshalb sind die ersten plombierten Zähne für Sie Warnsignale. Sie sollten Ihre Ernährungsgewohnheiten überprüfen. Ansonsten können Sie mit Sicherheit davon ausgehen, daß bei einer unveränderten Ernährungsweise nach einigen Jahren andere schwere Zivilisationskrankheiten auftreten werden.

Was Sie tun sollten!

Der Fabrkzucker ist für uns heute zu einem so gewöhnlichen und selbstverständlichen Nahrungsmittel geworden, daß uns gar nicht mehr bewußt ist, wo überall Fabrikzucker enthalten ist. Denn es gilt nicht nur den Haushaltszucker zu vermeiden, sondern auch all die Produkte, in denen Fabrikzucker in mehr oder weniger reichlichem Maße enthalten ist. Hierzu zählen insbesondere Kuchen, Gebäcke, Plätzchen. Aber auch verschiedene Schokoladensorten, Konfekt, Marmelade und die vielen kleinen Naschdinge. Vermeiden Sie am besten alle Arten des Fabrikzuckers vollkommen, weil es Ihnen dann leichter fällt. Nehmen Sie zum Süßen etwas Honig, aber keinen Zucker!

Süßen Sie weniger als bisher und Ihr Verlangen nach Süßem wird schon bald zurückgehen. Damit nutzen Sie Ihrer Gesundheit.

Daß Sie selbst die herrlichsten Süßspeisen ohne Fabrikzucker zubereiten können, beweist dieses schwäbische Kochbuch ganz besonders.

Naturbelassene Öle und Fette erhalten Ihre Gesundheit

Viele Menschen glauben, sie würden abnehmen, wenn sie von Butter auf Margarine umsteigen oder Fett weitestgehend meiden.

Entscheidend ist jedoch beim Fett weniger die Menge oder Art als seine Lebendigkeit.

Prof. Kollath stufte ein Öl, welches durch normale, kalte Pressung aus der Ölfrucht gewonnen wurde, als Lebensmittel und somit als gesund ein. Ebenso die Butter, die aus unerhitzter (unpasteurisierter) Milch gewonnen wird.

Diese Art Fett versorgt die Menschen seit Jahrtausenden mit den lebensnotwendigen fettlöslichen Vitaminen und den ungesättigten Fettsäuren.

Doch auch hier griff der Mensch in seiner Unwissenheit ein und veränderte das Lebensmittel zur Konserve.

Idealerweise wird die Ölfrucht, z.B. der Sonnenblumenkern, frisch geerntet, gepreßt und das herausfließende Öl in lichtgeschützten Gefäßen gelagert. Da dieses Lebensmittel ranzig werden kann, ist es zum alsbaldigen Verbrauch bestimmt.

Um Vorratswirtschaft betreiben zu können und gleichzeitig den Ertrag zu steigern, verfiel die Industrie auf den Gedanken, die Ölfrucht vor der Pressung zu erhitzen. Das Öl wird dünnflüssiger und dadurch kann eine höhere Ausbeute erzielt werden. Dies wäre ja noch gegangen, aber es blieb immer noch zuviel Öl in den Restteilen der Ölfrucht zurück. Und so machte man sich folgende Überlegung zunutze: Wenn Sie einen Fettfleck in Ihrer Kleidung haben, wie können Sie ihn herauslösen? Richtig, durch die Behandlung mit einem Lösungsmittel. So verfiel denn auch die Industrie auf den Gedanken der *Lösungsmittelextraktion.* Bei diesem Verfahren wird das *gesamte Fett* aus der Ölfrucht *herausgelöst.* Diesem Vorteil stehen aber logischerweise schwerwiegende gesundheitliche Nachteile gegenüber.

Es können nicht nur nachweisbare Spuren von Fremdstoffen in den Ölen zurückbleiben, *sondern es gehen auch wichtige Vitalstoffe bei diesem eingreifenden Verfahren verloren.* Können Sie sich ausmalen, was nach einer Vakuumdestillation und Laugenraffination, einer Bleichung, Desodorierung (Geruchsfreimachung), Blankfiltration und dem Zusatz eines künstlichen Farbstoffes noch von dem ehemaligen Lebensmittel Öl an Leben vorhanden ist? Nichts mehr, es ist *tot.*

Vertrauen Sie daher wieder den naturbelassenen

Zum Bild auf Seite 25 Linksoben: Randich (Rote Rüben) mit Sellerie (S. 50) und in der Mitte des Bildes Blaukrautsalat II in einer pikanten Marinade (S. 55)

Ölen und Fetten. *Nicht die Fette machen dick, sondern ein gestörter Stoffwechsel, der auch durch die Fabrikfette, den Fabrikzucker und die Auszugsmehle verursacht wird.*

Diesem Risiko gehen Sie aus dem Weg, wenn Sie sich mit Lebensmitteln ernähren, in die der Mensch so wenig wie möglich eingegriffen hat. Krankmachende Eigenschaften sind dann weitestgehend ausgeschlossen.

Bei der Beschreibung der Fabrikfette ist Ihnen sicherlich bewußt geworden, daß Sie ab sofort Ihren Salat nur noch mit kaltgepreßten Ölen anmachen sollten. Nur so garantieren Sie sich die Versorgung mit fettlöslichen Vitaminen und den ungesättigten Fettsäuren, die lebensnotwendig sind und entscheidend zur Gesunderhaltung beitragen.

Auch die Butter gilt als gesund, obwohl sie in der Regel aus erhitzter Kuhmilch gewonnen wird.

Die Butter soll krankmachen, den Cholesterinspiegel erhöhen und ein Risikofaktor für Herzinfarkt und Arteriosklerose sein.

Welche Alternative gibt es denn Ihrer Meinung nach als Brotaufstrich? Margarine? Sie haben ja gelesen, was mit den Ölen in der Regel geschieht, bis sie Ihnen als Streichfett angeboten werden. Jetzt sind sie zwar billig, aber gesund sind sie nicht mehr.

Warum sollte aber die Butter, die schon seit Jahrtausenden verzehrt wird, krankmachen?

Wirtschaftliche Interessen spielen auch hier eine große Rolle. An Milch wird sehr wenig verdient. Genauso ist es mit der Butter. Fabrikatorisch hergestellte Nahrungsmittel enthalten attraktivere Spannen. Um diese Produkte jedoch zu verkaufen, muß Werbung betrieben werden. Warum sollte ein Verbraucher aber von einem Produkt, das er gewohnt ist und das in Notzeiten sogar als Grundnahrungsmittel gilt, auf ein anderes Produkt umsteigen? Da müssen schon handfeste Gründe her. Und die lieferte die Wissenschaft, weil sie es nicht besser wußte. So auch beim Fabrikzucker, dem Auszugsmehl, den Düngemitteln, den Spritzgiften, dem Atomstrom usw.

Butter kam urplötzlich ins Gerade, und da sich Gerüchte gerne ausbreiten, sitzen auch heute noch viele Fehlinformationen in Ihnen fest.

Aber lassen Sie sich nicht bange machen – essen Sie ruhig wieder Butter.

Vollwertkost richtig verstanden, bedeutet eine Fülle von Möglichkeiten, pikante und auch für das Auge köstliche Speisen zuzubereiten. Schon beim Durchlesen dieses Kochbuches wird Ihnen das Wasser im Munde zusammengelaufen sein.

Zum Bild auf Seite 26: Der herbe Löwenzahnsalat (S. 42) mit seinen wertvollen Bitterstoffen.

Gewürze
für die Weihnachtsbäckerei

Alle Jahre wieder ist Plätzchen–Zeit.
Herrlich, wenn sich unsere Küchen in behagliche Backstuben verwandeln. Wenn's überall so verlockend nach den feinsten Gewürzen aus fernen Ländern und nach feinen Aromen duftet. Sie entfalten ihr Aroma erst richtig in Lebkuchen, Springerle, Honigkuchen, Spekulatius und anderem Weihnachts– und Adventsgebäck. Alles, was Sie darüber wissen sollten, lesen Sie in diesem kleinen Brevier.

Von Anis bis Zimt

Anis

Weihnachtsbäckerei und Anis gehören einfach zusammen.

Für Lebkuchen, Pfeffernüsse, Honigkuchen und natürlich für Anisplätzchen ist dieses Gewürz unentbehrlich. Aber kaum ein anderes schmeckt und riecht so eigenwillig. Wer jedoch einmal seine Vorliebe für Anis entdeckt hat, wird immer reichlich damit würzen.

Heimisch ist die Anispflanze in den Ländern rund ums Mittelmeer. Sie ist ein Doldengewächs, dessen längliche Samen nach dem Reifen und Trocknen als Gewürz verwendet werden.

Farbe: Grünlichgelb bis Graugrün. Besonders geschätzt: Der italienische Pugliesser-Anis. Interessant zu wissen: Selbst die Kosmetikindustrie verwendet Anis als Zusatz für Zahnpflegemittel.

Fenchel

Hier ist natürlich das Gewürz gemeint. Nicht das Gemüse, das so zart aromatisch schmeckt. Aber der Würzfenchel ist mit dem Gemüsefenchel verwandt. Beide duften und schmecken ähnlich. Das Gewürz natürlich intensiver. Und zwar ein wenig anisartig und süß. Ein zartes Gewürz, das Sie ruhig reichlich für weihnachtliches Gebäck verwenden können. Zum Beispiel für Früchtebrot und Weihnachtsstollen. Nach Belieben ganz oder gemahlen hineingeben. Fenchel gibt es in Italien, Frankreich und Indien. Aber auch in Deutschland. Die Pflanze hat feine Blättchen und große Dolden. Ähnlich wie beim Kümmel, aber noch größer. Die bis 1 cm langen Samen sind das Gewürz.

Gewürznelken

Sie können auch Nägelein oder einfach Nelken dazu sagen. Gemeint sind immer die angenehm duftenden Gewürznelken. Großmutter nahm sie noch als Mittel gegen Zahnschmerzen in den Mund. Ihre stark ätherischen Öle linderten.

Gerade Gewürznelken – fein gemahlen – geben Ihren Plätzchen den richtigen Pfiff. Nur ein wenig davon und viele schmecken besser. Zum Beispiel weihnachtliche Gewürzplätzchen, Honig- und Lebkuchen.

Der Gewürznelkenbaum wächst in den Tropen, ist immer grün und wird bis zu zwölf Meter hoch. Seine Blütenknospen werden kurz vor dem Aufblühen geerntet. Die anfangs rötlichen Knospen werden beim Trocknen dunkelbraun. Fertig ist die Gewürznelke. Je größer, um so aromatischer. Klar, daß die Nelken – ganz und gemahlen – einen Stammplatz in Ihrem Gewürzregal haben. Ganze Nelken braucht man zum Spicken, beim Einmachen, als Gewürz für Gemüse und Soßen. Und was besonders wichtig ist: Für Punsch, der an kalten Tagen so schön aufwärmt und belebt. Also genau richtig nach einem winterlichen Spaziergang bei Eis und Schnee.

Honigkuchengewürz

Man kann Honigkuchengewürz gemischt in Portionstütchen preiswert kaufen. Das macht das Würzen von Honigkuchengebäck so leicht. Aber für alle, die es gerne selbst machen wollen, hier das Rezept: 27 g Zimt, 13 g Gewürznelken, 5 g Kardamom, 1 g Muskatblüte und 32 g Piment mischen. Alle Gewürze natürlich fein gemahlen verwenden.

Ingwer

Hier scheiden sich die Geister. Die einen mögen Ingwer schrecklich gern, die anderen kann man damit jagen. Und das ist auch kein Wunder. Denn Ingwer hat einen ausgefallenen, eigenwilligen Geschmack. Krätig würzig und dazu scharf, ja fast brennend. Weihnachten ohne Ingwerplätzchen gibt es für Ingwer-Fans nicht. Zum Würzen wird gemahlener Ingwer genommen. Ingwer wächst in den Tropen. Doch der Wertvollste kommt aus Jamaika. Es handelt sich dabei um bis zu 10 cm lange Wurzelstöcke, die unterschiedlich hergerichtet in den Handel kommen. Es gibt sie ungeschält als schwarzen oder bedeckten Ingwer, geschält als unbedeckten oder weißen Ingwer, der meist noch gebleicht wird. Weißer Ingwer wird im Haushalt auch gern für süß-sauer eingelegte Früchte genommen. Oder gemahlen für Gebäck und exotische Speisen.

Kardamom

In der schwedischen Küche wird Kardamom gern und oft verwendet. Vor allem für feines Hefegebäck. Das sollten Sie auch mal probieren. denn bei uns ist Kardamom ein wenig in Vergessenheit geraten. Zu Unrecht. Weil es jedem Gebäck ein besonderes feines und würziges Aroma gibt. Denken Sie daran, wenn Sie Ihren Weihnachtsstollen backen. Und würzen Sie auch mal Nuß- und Marzipanfüllungen damit.
Kardamom ist die Kapselfrucht verschiedener Amomsträucher. Ein wertvolles und nicht ganz preiswertes Gewürz aus den gemahlenen Samen. Die Samen sind braun, werden aber durch Bleichen gelb.

Man sammelt sie vor der Reife. Die beste Qualität kommt aus Malabar und wird Echter Kardamom genannt. Er schmeckt angenehm mild und ist doch würzig-aromatisch. Ein wenig strenger und deswegen weniger beliebt ist der Kardamom aus Ceylon.

Koriander

Bei der Weihnachtsbäckerei darf Koriander nicht fehlen. Vor allem nicht beim Würzen von Pfeffer-, Honig- und Lebkuchen. Koriander ist eine im Mittelmeergebiet heimische Doldenpflanze. Heute wird sie auch schon bei uns angebaut. Die pfefferkorngroßen, gelblichen Früchte werden getrocknet. Man kann sie als ganze Frucht oder gemahlen (für Gebäck) kaufen. Im Gegensatz zur frischen Frucht, die unangenehm duftet, hat die getrocknete Frucht ein angenehmes Aroma.
Wichtig: Sie können Koriander auch für eingelegte Gurken und Kürbisse nehmen.

Lebkuchengewürz

Wenn Sie viele Lebkuchen backen, lohnt es sich, die Mischung selbst zusammenzustellen. Sie brauchen dafür 32 g Zimt, 5 g Gewürznelken, 5 g Anis, 5 g Piment und 3 g Koriander. Klar, daß man alle Gewürze gemahlen verwendet und dann gut miteinander mischt.

Muskatblüte

Außer zur Weihnachtszeit führt die Muskatblüte ein sehr bescheidenes Dasein in unserer Küche. Das ist eigentlich schade. Denn die Muskatblüte hat wohl in etwa die Würzkraft der Muskatnus, ist aber noch feiner und aromatischer. zum Beispiel für Suppen, Soßen und für Gemüse. Aber fein müssen diese Gerichte sein. Darauf kommt es an. Und auf jeden Fall gehört Muskatblüte in so manchen Teig für feines, würziges Weihnachtsgebäck. Wie zum Beispiel Pfefferkuchen.

Die Muskatblüte, die häufig auch Macis genannt wird, kommt vom gleichen Baum wie die Muskatnuß. Sie ist nicht die Blüte, sondern der Samenmantel der Frucht. Woher also der Name? Wahrscheinlich, weil die Hülle der Muskatnuß eine so schöne gelbrote oder rötlichbraune bis dunkelorangerote Farbe hat. Am besten ist echter oder Banda–Macis. Übrigens wächst der Muskatbaum wie so viele Gewürze in tropischen Ländern.

Muskatnuß

Fast immer wird Kartoffelteig mit Muskatnuß gewürzt. Denn Muskatnuß ist kräftig–aromatisch und darum auch unentbehrlich zum Würzen von Gemüse wie Spinat und Blumenkohl, für helle Soßen und Suppen. Ganz unentbehrlich ist sie im Pfefferkuchenteig. Eine Prise gemahlene Muskatnuß reicht oft, dem Pfefferkuchen einen unverwechselbaren Geschmack zu geben.

Eigentlich ist die Muskatnuß gar keine Nuß. Sie ist der getrocknete Samenkern des Muskatbaumes, der im tropischen Asien und Südamerika 15 bis 20 Meter hoch wird. Am besten ist die rundliche Bandanuß, weniger gut die längliche Muskatnuß aus Neuguinea. Die meist weißliche Außenschicht der Muskatnuß entsteht durch das Kalken der Samenkerne.

Das macht man schon seit Jahrhunderten so, weil Muskatnüsse dadurch haltbarer sind. Die weißliche Schicht kann unbedenklich mitverwendet werden.

Orangenschale

Die Schale der saftigen Zitrusfrucht hat es wirklich verdient, mit in die Reihe der Gewürze aufgenommen zu werden. Gespritzte Früchte gründlich mit heißem Wasser waschen. Sie können die Schale sehr fein abreiben und sie in Kuchen– oder Plätzchenteig geben. Das ergibt das würzige, leicht bittere Aroma, wie wir es von Orangenkonfitüre kennen. Sie können aber auch granulierte Orangenschalen getrocknet kaufen. Oder Arancini. Das sind gekochte und kandierte Orangenschalen, die man für Früchtekuchen zusammen mit anderen kandierten Früchten wie z.B. Kirschen nehmen kann.

Pfefferkuchengewürz

Kein Pfeffer, sondern Nelkenpfeffer wird für dieses Mischgewürz verwendet. Also Piment. Hier die Mengen, die Sie dafür von den einzelnen Gewürzen brauchen: 16 g Zimt, 5 g Gewürznelken, 5 g Ingwer, 1 g Kardamom, 1 g Muskatblüte, 32 g Piment. Natürlich nur gemahlene Gewürze verwenden. Übrigens: Pfefferkuchengewürz können Sie natürlich auch fertig kaufen.

Piment

Es gibt viele Namen für Piment: Nelkenpfeffer, Jamaikapfeffer, Gewürzkörner, Neugewürz, Englischgewürz, Allerleigewürz oder Amom. Und alles ist dasselbe, nämlich die Frucht des Nelkenpfefferbaumes. So genannt, weil Piment nach Nelken und Pfeffer duftet. Neugewürz genannt, weil es erst nach der Entdeckung Amerikas bekannt wurde. Englischgewürz, weil es in England besonders beliebt ist. Und Allerleigewürz, weil es verschiedene Geschmackskomponenten in sich vereint. Und darum natürlich vielseitig verwendet werden kann. Gemahlen für Weihnachtsgebäck wie Honig– und Lebkuchen, ganz für Gurken.

Der beste Nelkenpfeffer kommt aus Jamaika. Wie sein Name sagt, erinnern Duft und Geschmack an Nelken und Pfeffer. Aber auch ein wenig an Muskat und Zimt. Und von den getrockneten Beeren sind die kleineren würziger als die größeren.

Rosenwasser

Das zart duftende Wässerchen ist bei der Herstellung von Marzipan unentbehrlich. Sie können es aber auch für besonders feines und zartes Weihnachtsgebäck mit Mandeln verwenden. Der Konditor macht das auch. Rosenwasser ist ein Nebenprodukt bei der Gewinnung von Rosenöl. Es kann aber auch aus Rosenöl mit Alkohol und Wasser hergestellt werden.

Safran

Allgemein ist Safran nur als Gewürz für helle Kuchen bekannt. Weil er so schön gelb färbt und ein so mildes und zartes Aroma hat. Safran in Weihnachtsstollen oder Hefekuchen ist köstlich.

Safran ist das kostbarste und teuerste Gewürz, weil es so mühsam gewonnen wird. Man sammelt nur die Blütennarben einer Krokusart dafür. Und davon sind achtzigtausend nötig, um 1 kg Safran zu erhalten. Die orangegelben Safranfäden werden getrocknet und sind ganz oder gemahlen zu haben. Safran kommt überwiegend aus Frankreich, Spanien, Österreich und Persien. Getrocknet, in Fäden oder gemahlen.

Sternanis

Natürlich ist seine Form weihnachtlich. Aber die macht Sternanis nicht zum Weihnachtsgewürz. Es ist sein Anisgeschmack, der den Plätzchen die typische Würze gibt. Gemahlen kommt Sternanis in den Teig.

Sternanis ist die Frucht eines Magnolienbaumes, der in Ostasien zu Hause ist. Das Gewürz sind die länglichen Samen, rotbraun und 8 mm groß. Sternanis kann auch als Pfefferkuchengewürz verwendet werden. Oder für Früchtebrot.

Vanille

Alle milden, feinen und hellen Süßspeisen und Gebäcksorten schmecken besser durch Vanille. Weil sie so köstlich duftet und ein so angenehm–liebliches und dabei doch kräftiges Aroma hat.

Vanille ist die Frucht einer Kletterpflanze aus der großen Familie der Orchideen. Es gibt Vanillestangen getrocknet und in Glasröhrchen verpackt oder gemahlen. Nicht zu verwechseln mit dem gebräuchlichen Vanillinzucker. Der wird mit Vanillin hergestellt, einem in der Vanillefrucht enthaltenen Aromastoff, den man künstlich herstellt.

Zitronenschale

Würzige Zitronenschalen sind ein täglich verwendetes, aber nicht alltäglich schmeckendes Gewürz. Besonders geeignet für süße Speisen, Gebäck und Kuchen, weil das leicht herbe Aroma der Zitronenschalen so gut abrundet. Nur unbehandelte, naturreine Früchte verwenden. Alle Früchte vor dem Abreiben ganz heiß waschen, abtrocknen, Schalen fein abreiben und sofort verwenden. Klar, daß auch Weihnachtsplätzchen und Stollen mit einem Teelöffel geriebener Zithronenschale noch besser schmecken.

Zimt

Das war schon immer so: Wer den Duft von Zimt riecht, denkt sofort an Weihnachten. An Zimtsterne und Honigkuchen. Zimt ist ein bekanntes, vielseitiges Gewürz, das allerdings vornehmlich in der süßen Küche verwendet wird. Als Zimtstange oder gemahlen.

Die glatten Ceylon–Zimtstangen sind die getrockneten Rinden des Zimtlorbeerbaumes. Sie heißen auch Kaneel oder Caneel. Das ist der feinere Zimt. Dessen Stangen sind zweiseitig eingerollt, im Gegensatz zum billigeren, der nur einseitig eingerollt ist. Beide Sorten kann man auch gemahlen kaufen. Den Qualitätsunterschied erkennen Sie an der Farbe. Der hellere Zimt ist der bessere. Wußten Sie übrigens, daß Sie Punsch mit Zimtstangen würzen können?

Rezeptteil

Nach diesen allgemeinen Informationen über eine gesunde Ernährungsweise folgt nun der praktische Teil mit über 300 Rezepten aus der schwäbischen Küche. Diese Rezepte sind alle erprobt. Sollte Ihnen trotzdem einmal ein Gericht nicht gelingen, dann schreiben Sie uns, denn wir sind stets bemüht, unsere Bücher möglichst Ihren Wünschen anzupassen. Ganz besonders freuen wir uns über Anregungen zu weiteren Buchthemen.

Von den Autoren dieses Buches erscheinen in Kürze zwei weitere Bücher: Eines mit Rezepten aus der österreichischen Küche und ein zweites mit vielen italienischen Spezialitäten. In diesem Buch wird auch ein großer Teil der Herstellung von Nudeln gewidmet sein.

Vorwort der Verfasser

Man sagt den Schwaben zwar nach, daß sie außer dem bekannten "Schaffe, schaffe, Häusle baue" nichts anderes kennen, aber durch ihren ausgeprägten Erfindergeist haben sie auch in der Küche vielfältige Kompositionen geschaffen, die heute als *Schwäbische Spezialitäten* bekannt sind. Sie werden auch jenseits der Landesgrenzen sehr geschätzt.

Unser Kochbuch möchte Ihnen nun *Schwäbische Spezialitäten* als *Vollwertkost* vorstellen.

Wenn wir das volle Getreidekorn frisch zubereiten, wenn wir die Nahrung möglichst frisch zu uns nehmen und naturbelassene Fette verwenden, dann haben wir den ersten Schritt zur Vollwertkost bereits getan.

Gehen wir noch einen Schritt weiter zur konsequenten Vollwertkost: Dabei sollten wir denaturierte Nahrungsmittel, wie z.B. Fabrikzucker, Auszugsmehle, Obst- und Gemüsesäfte, sowie fabrikatorisch bearbeitete Fette vermeiden.

Die Alternative heißt:

- Beginne den Tag mit einem frischen Kornbrei.
- Genieße Salate, Gemüse und Obst möglichst roh und vor dem Essen; die Salate sollten mit kaltgeschlagenem Öl zubereitet sein.

- Vermeide Brotsorten, Kuchen und Gebäck aus Auszugsmehl; esse Brot- und Backwaren aus frisch gemahlenem Korn.
- Vermeide alle Arten von Fabrikzucker; Honig, Frischobst und Trockenfrüchte sind die bessere Lösung.
- Köstliche Kuchen und Backwaren lassen sich auch aus frisch gemahlenem Mehl mit Honig zubereiten.
- Beilagen sollten zur tagtäglichen Kost optimal zubereitet sein; d.h. Naturreis, Vollkornnudeln, Kartoffeln in der Schale, Gemüse schonend gegart und die Butter nachträglich hinzugeben.
- Desserts und Eis sollten mit Honig gesüßt werden.

Das alles ermöglichen Ihnen unsere *Schwäbischen Rezepte.* Sie kommen dabei in den Genuß, neben einem kulinarischen Streifzug durch Schwaben, aktive Gesundheitsvorsorge durch Vollwertkost zu betreiben.

Versuchen Sie es und

"Guten Appetit!"
Ihre Gesundheitsberater
Manfred G. Mikusch und Waltraud Wasserberg

Salate

Der für die Gesundheit so wichtige Frischkostanteil kommt auch in Schwaben nicht zu kurz. Hier präsentieren wir Ihnen einige der leckersten Salate...

Blumenkohlsalat

1 Blumenkohl
Für die Marinade:
1/8 l saure Sahne
2 Eßl. geriebene Haselnüsse
2 Eßl. Leinsamen
etwas Honig
Vollmeersalz
Saft einer Zitrone

Nebenstehende Zutaten zu einer Salatsoße rühren. Den Blumenkohl waschen und geraffelt in die Soße geben.

Paprikasalat

3 große Paprikaschoten (grün und gelb)
3 Tomaten
1/2 Salatgurke
1 Zwiebel
Zitronenmelisse, Basilikum, Dill
3 Eßl. kaltgepreßtes Öl
2 Eßl. Obstessig
Brechts Kräutersalz, Pfeffer

Paprika werden gewaschen, geviertelt und in Streifen geschnitten. Tomaten in Sechstel schneiden. Salatgurke ungeschält in Scheiben hobeln. Zwiebel fein hacken. In die vorbereitete Salatsoße geben.

Gurken mit Radieschen

1 Salatgurke
1 Bund Radieschen
1 kl. feingehackte Zwiebel
Salatsoße bestehend aus
5 Eßl. Rahm (süße Sahne)
3 Eßl. kaltgepreßtem Öl
1 Eßl. Senf
1 Knoblauchzehe zerdrückt
feingehacktem Dill und Petersilie
Obstessig, Kräutersalz, Pfeffer
Paprika nach Geschmack

Die Salatgurke mit Schale in Scheiben hobeln, Radieschen putzen und geviertelt mit den restlichen Zutaten vermengen.

Gelbe Rüben mit Champignons

400 g Gelbe Rüben (Karotten)
150 g frische Champignons
100 g Lauch
Für die Marinade:
1 mittlere Zwiebel in feine Würfel
geschnitten
4 Eßl. Obstessig
3 Eßl. saure Sahne
Brechts–Kräutersalz
Paprikapulver (1 Tl.)
weißen gem. Pfeffer

Gelbe Rüben waschen und abbürsten. Sollten sie sehr schmutzig sein, evtl. schaben. Dann in feine Scheibchen hobeln. Champignons waschen und die Stielenden abschneiden, in Scheiben schneiden. Lauch waschen, halbieren und in Streifen schneiden. Alles zur vorgefertigten Marinade geben.

Zum Bild auf Seite 39: Der Grünkernsalat (S. 131) eignet sich besonders als kleiner Imbiß.

Champignonsalat

500 g frische Champignons
Saft 1/2 Zitrone
3 EBl. kaltgepreßtes Öl
1 Tl. Kräutersenf
3 EBl. Rahm (süße Sahne)
Vollmeersalz, Pfeffer, Paprika
gehackte Petersilie und
Zitronenmelisse
60 g Hartkäse (Parmesan)

Öl, Zitronensaft, Senf und ungeschlagenen Rahm verrühren. Petersilie und Zitronenmelisse waschen. Grob hacken und in die Soße mischen. Mit Salz, Pfeffer und Paprika würzen. Die Champignons putzen, gründlich waschen und trockentupfen. Evtl. lange dicke Stiele abschneiden. Bei sehr großen Pilzen die Haut vom Hut abziehen. Die Pilze mit einem Gemüsemesser in feine Scheiben schneiden. Kurz vorm Servieren mit der Soße vermischen oder die Soße getrennt dazu reichen. Den Parmesankäse darüberreiben.

Zwiebelsalat

300 g große Zwiebeln
1 rote Paprikaschote
1/4 l Essigwasser
   (2/3 Obstessig + 1/3 Wasser)
Vollmeersalz, Pfeffer
1 Tl. Honig
2 Lorbeerblätter
5 EBl. kaltgepreßtes Öl
gehackte Petersilie zum Bestreuen

Zwiebeln schälen und in dünne Ringe schneiden, mit Salz bestreuen. Essigwasser aufkochen lassen, mit Honig abschmecken, erkaltet über die Zwiebeln gießen. Lorbeerblatt und Pfeffer zufügen und zum Schluß das Öl beigeben. Zugedeckt einen Tag stehen lassen. Vor dem Servieren den Salat nochmals abschmecken. Gegebenenfalls nachwürzen. Mit Petersilie bestreuen. Die rote Paprikaschote in feine Würfel schneiden und über den fertigen Salat verteilen.

Zum Bild auf Seite 40: Der Schwäbische Obstsalat
(S. 142) eignet sich nicht nur als Dessert, sondern
auch als kleine Hauptmahlzeit.

Herbstlicher Salat (Abbildung: Titelbild)

2 mittelgr. gelbe Rüben (Karotten)
1 kleine Knolle Randich (rote Beete)
100 g Blumenkohl
100 g Spinatblätter
100 g Endivien
2–3 Tomaten
gehackte Petersilie
4 Eßl. gekeimter Hafer

Salatsoße:
1 Eßl. Senf
3 Eßl. kaltgepreßtes Öl
wenig Vitam R
4 Eßl. Rahm (süße Sahne)
Vollmeersalz
Pfeffer
Paprika

Tomaten in Sechstel schneiden, gelbe Rüben, Randich raspeln, Blumenkohl in kleine Röschen schneiden, Endivien in grobe Streifen schneiden, in die vorgefertigte Salatsoße geben. Auf den Spinatblättern anrichten, mit den gekeimten Haferkörnern bestreuen.

Löwenzahnsalat (Abbildung: S. 26)

200 g Löwenzahnblätter
1 kl. feingehackte Zwiebel
3 Eßl. saure Sahne
Schnittlauch und Petersilie
Obstessig, Vollmeersalz
Pfeffer, Paprika nach Belieben

Löwenzahnblätter putzen, waschen, grob schneiden. Saure Sahne und Obstessig glattrühren, Zwiebel und Gewürze zugeben und mit den Löwenzahnblättern vermengen.

Champignongsalat (roh)

500 g Champignons
100 g Hartkäse (Emmentaler, Edamer usw.)
1 Tl. Senf
4 EßI. kaltgepreßtes Öl
5 EßI. Rahm (süße Sahne)
2 EßI. Zitronensaft
Vollmeersalz, Pfeffer
Petersilie
100 g Lauch

Aus Senf, Öl, Rahm, Zitronensaft, Vollmeersalz und Pfeffer eine Salatmarinade zubereiten. Die Champignons waschen und gründlich putzen. In Scheiben schneiden. Lauch ebenfalls reinigen, längs halbieren und in feine Streifen schneiden und zur Salatsoße geben, ebenso die gehackte Petersilie. Vor dem Servieren mit dem in feine Streifen geschnittenen Käse bestreuen.

Sellerie – Salat

400 g Sellerie
400 g Äpfel
2 ausgepreßte Zitronen
6 EßI. kaltgepreßtes Öl
1 kl. Becher saure Sahne (125 g)
Honig nach Geschmack
150 g gehackte Haselnüsse
gehackte Petersilie

Sellerie waschen und schälen, Äpfel vierteln, vom Kerngehäuse befreien, beides raspeln. Sofort mit Zitronensaft beträufeln, um die Oxydation zu verhindern. Mit den übrigen Zutaten vermengen und abschmekken. Auf Salatblättern servieren.

Spitzwegerichsalat

150 g Spitzwegerichblätter
1 Apfel
2 Gelbe Rüben (Karotten)
3 EßI. Rahm (süße Sahne)
3 EßI. kaltgepreßtes Öl
Saft 1/2 Zitrone
Selleriesalz, Pfeffer
Thymian nach Belieben

Spitzwegerichblätter waschen, gelbe Rüben waschen und abbürsten, fein raspeln, ebenso den ungeschälten, vom Kerngehäuse befreiten Apfel und zur vorgefertigten Marinade geben.

Randich mit Kresse

1 große Knolle Randich (Rote Beete)
1 Apfel
reichlich Haselnüsse
50 g Kresse
Für die Salatsoße:
saure Sahne
Zitronensaft
kaltgepreßtes Öl
etwas frischgeriebenen
Meerrettich
Kräutersalz

Die Randich waschen, evtl. schälen und roh fein raspeln. Ebenso den Apfel, jedoch mit Schale, und in die vorgefertigte Marinade geben. Zum Schluß die Kresse unterheben. Haselnüsse zum Bestreuen oder zur Marinade geben.

Spinatsalat

100 g rohe Champignons
200 g Spinatblätter
3 Eßl. kaltgepreßtes Öl
Saft 1/2 Zitrone
3 Eßl. Bioghurt
Brechts–Kräutersalz, Pfeffer
1 kleine Zwiebel
2 Eßl. Sonnenblumenkerne

Aus Öl, Bioghurt, Zitronensaft, gehackter Zwiebel, Kräutersalz und Pfeffer eine Marinade rühren. Spinat putzen, Stiele entfernen, waschen. Champignons säubern, in Scheiben schneiden und zur Salatsoße geben. Mit Sonnenblumenkernen bestreuen.

Kürbis – Gurkensalat

500 g Kürbis
1 kleine Salatgurke
1/8 l Rahm (süße Sahne)
5 Eßl. kaltgepreßtes Öl
1 ausgepreßte Zitrone
Vollmeersalz, Pfeffer
gehackte Petersilie
frische Zitronenmelisse

Den geschälten Kürbis roh grob raspeln, Gurke ungeschält der Länge nach geviertelt, dann in feine Blättchen geschnitten. Aus den übrigen Zutaten eine Salatsoße zubereiten. Kürbis und Gurke sowie die Kräuter dazugeben.

Kohlrabisalat

800 g Kohlrabi
1 mittelgr. Zwiebel
1 Bioghurt 150 g
3–4 Eßl. Obstessig
Vollmeersalz, Pfeffer
Paprikapulver, Senf
5 Eßl. kaltgepreßtes Öl

Aus Bioghurt, gehackter Zwiebel, Obstessig, Senf, Öl und Gewürzen eine Salatsoße bereiten. Die geschälten Kohlrabi in feine Scheiben schneiden und vierteln oder stifteln und dazugeben. Die Herzblätter der Kohlrabi geben wir kleingeschnitten dazu.

Gurkensalat

1 Salatgurke
Salatsoße:
1 Doppelrahmkäse
2 Eßl. Rahm (süße Sahne)
1 Eßl. Senf
gehackten Borretsch
feingeschnittenen Schnittlauch
und Dill, Kräutersalz, Pfeffer
Obstessig nach Belieben

Salatgurke mit Schale grob raspeln, in die fertige Salatsoße geben. Doppelrahmkäse mit Rahm und Senf glattrühren, Gewürze, Kräuter dazugeben.

Wildgemüse – Cocktail

1 Handv. Breitwegerich
1 Handv. Gänseblümchenblätter
1 Handv. Löwenzahnblätter
1 Handv. Spitzwegerich

Für die Salatsoße:
5 Eßl. Rahm (süße Sahne)
Saft einer halben Zitrone
Vollmeersalz, Pfeffer,
Curry nach Geschmack
1 mittelgr. säuerlichen Apfel
1 Eßl. gehackte Petersilie

Rahm mit Zitronensaft steif schlagen, dann den feingeraspelten Apfel und die Gewürze beigeben und würzig abschmecken. Die Wildkräuter waschen, Breitwegerich, Löwenzahn und Spitzwegerich in grobe Streifen schneiden und mit den Gänseblümchenblättern zur Salatsoße geben. Die Salatsoße kann auch separat dazu gereicht werden.

Remstaler Sauerkraut – Frischkost   (Abbildung: S. 53)

200 g Sauerkraut
100 g blaue Trauben
1 Tl. Honig
5 Eßl. Rahm (süße Sahne)
2 Eßl. Sonnenblumenkerne
Vollmeersalz, Pfeffer,
Paprika nach Geschmack

Das Sauerkraut, roh, ungewaschen kleinschneiden, die halbierten blauen Trauben und angegebene Zutaten beimengen.

Pikanter Endiviensalat

1 Kopf Endivien
1 mittelgr. Apfel
1 rote Paprikaschote
1 mittlere Zwiebel
1 Knoblauchzehe
1/2 ausgepreßte Zitrone
5 Eßl. kaltgepreßtes Öl
2 Eßl. Kräutersenf
Vollmeersalz und frische Kräuter

Den Salatkopf putzen, die Blätter waschen und in feine Streifen schneiden. Paprikaschote entkernen und in Streifen schneiden. Apfel achteln, vom Kerngehäuse befreien und in feine Blättchen schneiden. Eine Schüssel mit Knoblauch ausreiben, die restlichen Zutaten zu einer Marinade verwenden, mit Salatzutaten vermengen und mit feingeschnittenen Zwiebelringen garnieren.

Kohlrabi–Gelbe Rüben–Rohkost

3 kleine Kohlrabi
4 mittelgr. gelbe Rüben (Karotten)
1 Becher Bioghurt 150 g
Saft 1/2 Zitrone
Brechts Kräutersalz, Pfeffer
gehackte Petersilie und Schnittlauch
3 Eßl. kaltgepreßtes Öl

Kohlrabi schälen und gelbe Rüben putzen, waschen, fein hobeln oder grob raffeln und in die vorgefertigte Marinade geben.

Filderkrautsalat

500 g Filderkraut (Weißkraut)
2 Äpfel
Essig
kaltgepreßtes Öl
Kümmel
Vollmeersalz
Pfeffer
gehackte Petersilie

Das Filderkraut waschen, die äußeren Blätter entfernen, fein hobeln, mit Öl beträufeln, leicht einsalzen, vermengen und zugedeckt 1/2 Std. stehen lassen. Dann auflockern, die in Würfel geschnittenen Äpfel samt den nebenstehenden Gewürzen dazugeben.

Sauerkrautsalat

200 g Sauerkraut
2 Äpfel
1 kl. gehackte Zwiebel
Kümmel, Vollmeersalz, Paprika
einen kräftigen Schuß Rahm (süße Sahne)
gehobelte Haselnüsse

Das rohe Sauerkraut ungewaschen kleinschneiden, mit den Gewürzen und den klein gewürfelten Äpfeln vermischen und den gehobelten Haselnüssen bestreuen.

Sauerkrautsalat II

200 g Sauerkraut
1 Eßl. Leinsamen
2 Eßl. gekeimter Weizen
frisch geriebenen Meerrettich
kaltgepreßtes Öl
gehackte Petersilie
Salz, Pfeffer und Majoran nach Wunsch

Sauerkraut ebenfalls roh, ungewaschen kleinschneiden, mit den nebenstehenden Zutaten anmachen.

Erbsensalat

300 g frische Erbsen
1/2 Knolle Sellerie
2 mittelgr. gelbe Rüben (Karotten)

Für die Marinade:
2 Eigelb
1/8 l Rahm (süße Sahne)
1 Eßl. Senf
5 Eßl. kaltgepreßtes Öl
Vollmeersalz, Paprika
Schnittlauch, Petersilie
und Majoran nach Belieben

Die Erbsen mit der geraffelten Sellerie und den gelben Rüben in der kräftig abgeschmeckten Marinade vermengen. Eigelb mit Öl und Senf glattrühren und geschlagenen Rahm sowie Gewürze und Kräuter darunterziehen.

Radieschen – Rohkost

1 kleinen Kopfsalat
2 Bund Radieschen
2 Eßl. gemischte Kräuter, gehackt
wie Dill, Petersilie, Schnittlauch
Saft einer Zitrone
wenig Senf, Vollmeersalz, Pfeffer
1 Eßl. Sojasoße
1/2 Becher Bioghurt

Den Salat waschen und in breitere Streifen schneiden. Die gewaschenen Radieschen in dünne Scheiben zerteilen. Salat, Radieschen und Kräuter mit folgender Soße übergießen: Bioghurt mit Salz, 1 Tl. Zitronensaft und Sojasoße pikant abschmecken.

Gelbe Rüben – Sellerie – Salat

300 g gelbe Rüben (Karotten)
200 g Sellerie
3 Eßl. kaltgepreßtes Öl
Saft 1/2 Zitrone
Vollmeersalz, gehackte frische
Zitronenmelisse
etwas Pfeffer und Paprika
3 Eßl. Bioghurt
3 Eßl. gehackte Haselnüsse

Gelbe Rüben, Sellerie waschen, schälen und fein raspeln. Aus den Zutaten eine Marinade fertigen und den Salat anmachen. Mit gehackten Haselnüssen bestreuen.

Feldsalat

400 g Feldsalat
4 hartgekochte Eier
1 gehackte Zwiebel
2 Tl. Senf
Obstessig
kaltgepreßtes Öl
Brechts Kräutersalz,
Pfeffer, Paprika
fein geschnittenen Schnittlauch

Feldsalat verlesen und gründlich waschen. Aus Senf, Obstessig, Öl, gehackter Zwiebel und Gewürzen eine Salatmarinade bereiten und Feldsalat untermengen. Zum Schluß die in Achtel geschnittenen Eier vorsichtig unterheben.

Pikante Randich – Frischkost

1 Knolle Randich (Rote Beete)
1 mittlere Salatgurke
Für die Salatsoße:
Bioghurt, Senf, Meerrettich
Kräutersalz, Pfeffer, Kümmel
Obstessig
kaltgepreßtes Öl
feingeschnittenen Schnittlauch
2 Eßl. gekeimter Roggen
Spinatblätter

Die Randich waschen, evtl. schälen und roh fein raspeln. Salatgurke waschen, der Länge nach halbieren, in Scheiben schneiden oder hobeln (mit der Schale). In der fertigen Salatsoße vermengen. Auf den Spinatblättern anrichten und den gekeimten Roggen darüberstreuen oder untermengen.

Randich mit Sellerie   (Abbildung S. 25)

1 Knolle Randich (rote Rübe)
1 Knolle Sellerie
1 Tl. Senf
frischgeriebene Meerrettich
2 Eßl. gekeimter Dinkel
Obstessig
kaltgepreßtes Öl
Kräutersalz, Pfeffer

Randich, Sellerie waschen, schälen, fein raspeln und mit den Zutaten marinieren.

Brunnenkresse – Salat

2 Handv. Brunnenkresse
2 Bund Radieschen

Brunnenkresse verlesen, waschen, abtropfen lassen. Gewaschene Radieschen in feine Scheiben schneiden, mit der Kresse vermengen. Salatsoße Nr. 3 wird separat dazugereicht. Brunnenkresse wächst im fließenden Wasser an Flüssen, Quellen, Gräben. Zarte Triebspitzen vor der Blüte pflücken. Kresse schmeckt würzig scharf.

Blumenkohl mit Randich

1 Blumenkohl
1 kl. Knolle Randich (Rote Beete)

Salatsoße:
70 g Quark
Obstessig
kaltgepreßtes Öl
geriebenen Meerrettich
Paprika, Vollmeersalz
gehackte Petersilie

Den gereinigten Blumenkohl in feine Scheibchen schneiden. Die gereinigte Knolle Randich in feine Würfel schneiden und mit Salatsoße verrühren.

Wirsingrohkost

500 g Wirsing
3 mittelgr. gelbe Rüben (Karotten)
70 g Quark
3 EßI. kaltgepreßtes Öl
1 kl. feingeschnittene Zwiebel
3 EßI. Rahm (süße Sahne)
Kräutersalz, Pfeffer, Paprika
1 zerdrückte Knoblauchzehe
2 hartgekochte Eier

Den Wirsing vom Strunk lösen, evtl. die äußeren Blätter entfernen, fein hobeln oder grob raspeln. Gelbe Rüben waschen und in feine Scheiben schneiden. Quark mit Rahm und Öl cremig rühren, gehackte Zwiebel und Gewürze dazugeben, Rohkost anmachen. Zum Schluß mit den hartgekochten, gehackten Eiern bestreuen.

Brennesselsalat

150 g zarte Brennesselblätter
150 g Sellerie
3 EßI. saure Sahne
2 EßI. kaltgepreßtes Öl
etwas Kräutersenf
Saft 1/2 Zitrone
Vollmeersalz, Pfeffer
Paprika nach Geschmack
gehackte Petersilie

Brennesselblätter vom Stiel abschneiden und etwa 1/2 Std. in kaltem Wasser liegen lassen. Blätter in Streifen schneiden. Sellerie waschen, schälen, fein raspeln und in die vorgefertigte, abgeschmeckte Marinade geben und mit Petersilie bestreuen.

Sauerkraut – Frischkost "Witwe Bolte"

300 g Sauerkraut
200 g Birnen
100 g gelbe Rüben (Karotten)
2 Eßl. gehackte Petersilie
1 kleine feingehackte Zwiebel
2 Eßl. gekeimten Dinkel
Saft einer ausgepreßten Zitrone
1 Teel. Honig
3 Eßl. kaltgepreßtes Öl
Vollmeersalz, Pfeffer nach Belieben

Sauerkraut notfalls etwas kleinschneiden. Die vom Kerngehäuse befreiten Birnen und die geschabten Karotten grob raspeln, mit der Zwiebel, der Petersilie, Zitronensaft und dem gekeimten Dinkel vermengen, mit Honig, dem kaltgepreßten Öl, Vollmeersalz und Pfeffer abschmecken.

Kohlrabi – Frischkost

800 g Kohlrabi
125 g Karotten
3 Eßl. Obstessig
3 Eßl. Rahm (süße Sahne)
1 Knoblauchzehe
2 Eßl. feingeschnittener Sauerampfer
3 Eßl. Sonnenblumenkerne
3 Eßl. kaltgepreßtes Öl
Vollmeersalz, Pfeffer,
wenig Paprika nach Geschmack

Aus dem Essig, Rahm, Öl eine Salatsoße zubereiten, würzen mit Vollmeersalz, Pfeffer, Paprika, der zerdrückten Knoblauchzehe, Sauerampfer und Sonnenblumenkerne dazugeben.
Die Kohlrabi schälen, halbieren, in Scheiben und dann in feine Streifen schneiden, ebenso die Karotten. Die feinen Herzblätter der Kohlrabi feingehackt zur Salatsoße geben. Sämtliche Zutaten gut vermengen, abschmecken, ggf. nochmals nachwürzen.

Zum Bild auf Seite 53: Die Remstaler Sauerkraut–Frischkost (S. 46) wird durch die blauen Trauben besonders pikant.

Blaukrautsalat mit Rosinen

ca. 250 g Blaukraut (Rotkraut)
2 Äpfel
Obstessig
50 g ungeschwefelte Rosinen
1 Tl. Honig
Vollmeersalz
Pfeffer
etwas gem. Nelken
kaltgepreßtes Öl

Das Blaukraut vom Strunk befreien, säubern, fein hobeln, mit kaltgepreßtem Öl beträufeln, Obstessig nach Geschmack hinzugeben. Die Äpfel mit der Schale in feine Scheiben schneiden, dazu geben. Ebenso die Rosinen. Würzen mit Vollmeersalz, Honig, Pfeffer und einem Hauch gem. Nelken. Kräftig durchmengen, ca. 1 Std. ziehen lassen.

Blaukrautsalat II (Rotkraut) (Abbildung: S. 25)

Marinade:
1 Bioghurt oder saure Sahne
1 Eßl. Leinsamen
Saft einer Zitrone
1 kleine feingehackte Zwiebel
feingehackte Zitronenmelisse
Petersilie
kaltgepreßtes Öl
Kräutersalz
Pfeffer nach Belieben

Blaukraut fein hobeln, in der vorgefertigten Marinade gut durchmengen.

Zum Bild auf Seite 54: Der Dinkelsalat "Neckartal" (S. 131) ist eine herbe Köstlichkeit als kleiner Imbiß.

Pikante Salatsoße Nr. 1

1/8 l Sauerrahm
2 Tl. Obstessig
1 feingehackte Zwiebel
2 EßI. feingehackte Sellerieknolle
1/2 feingehackte Paprikaschote
1 kleine, feingehackte Essiggurke
1 Tl. scharfer Senf
1 Tl. Vollmeersalz
1/2 Tl. weißer Pfeffer

Den Sauerrahm mit dem Essig verrühren und dann die Zwiebel, Sellerieknolle, Paprikaschote und Essiggurke zusetzen. Zum Schluß Senf, Salz und Pfeffer zugeben, nochmals gut verrühren und gut kühlen. Diese Salatsoße paßt zu kräftigen Blattsalaten.

Feine Salatsoße Nr. 2

1/8 l Rahm (süße Sahne)
2 EßI. Zitronensaft
1 EßI. Tomatenmark
2 Tl. Vollmeersalz
1/4 Tl. frischgemahlener Pfeffer
2 Tl. edelsüßes Paprikapulver
4 hartgekochte Eier

Der Rahm wird mit dem Essig und dem Tomatenmark verrührt. Dann kommen Salz, Pfeffer und Paprikapulver dazu und zum Schluß die sehr fein gehackten hartgekochten Eier. Die Salatsoße sollte gut gekühlt werden, bevor Salat damit angemacht wird. Sie eignet sich für alle Blattsalate hervorragend.

Kräuter–Salatsoße Nr. 3

1/8 ltr. Rahm (süße Sahne)
2 Tl. Zitronensaft
1 zerdrückte Knoblauchzehe
1 kleine, feingehackte Zwiebel
1 Tl. Vollmeersalz
1 Messersp. Cayennepfeffer
1 Messersp. Ingwerpulver
4 EßI. gem. frischgehackte Kräuter
(Petersilie, Schnittlauch, Borretsch, Dill,
Zitronenmelisse, Estragon)

Der Rahm wird mit dem Zitronensaft, der zerdrückten Knoblauchzehe und der sehr feingehackten Zwiebel vermischt, dazu kommen die Gewürze und zum Schluß die feingehackten Kräuter. Die Kräuter–Salatsoße ist hervorragend geeignet für sämtliche Blatt- und Gemüsesalate.

Suppen

Ein echtes schwäbisches Menue ohne Suppe? – Das ist kaum denkbar;
die Suppe gehört einfach dazu.

Grünkernknöpfle

75 g sehr fein gemahlener Grünkern
1/8 l Wasser
2 Eßl. Butter
1 Eßl. gehackte Petersilie
1 Ei
Vollmeersalz, Pfeffer, Muskat
1 1/2 l Gemüsebrühe
2 mittelgroße gelbe Rüben (Karotten)
1/2 kleine Sellerieknolle
1 Handvoll geschnittene Zwiebelröhrle

Wasser mit Butter und den Gewürzen aufkochen lassen, Grünkernmehl einrühren und solange weiterrühren, bis sich ein Kloß bildet. Die Masse abkühlen lassen, dann gibt man die Petersilie und das Ei dazu, gut vermengen. Die geschabten, geschnittenen gelben Rüben und den geschälten, geschnittenen Sellerie mit der Gemüsebrühe aufkochen lassen und die mit einem Teelöffel abgestochenen Grünkernknöpfle in die siedende Gemüsebrühe einlegen. Die Knöpfle dürfen nun nicht mehr kochen, leichtes Ziehen genügt – am besten Kochtopf abdecken.
Brühe nochmals abschmecken und vor dem Servieren mit den geschnittenen Zwiebelröhrlen bestreuen.

Weckeiergerstensuppe

40 g Butter
60 g Weckmehl
2 Eier
Vollmeersalz, Pfeffer, Muskat
einige Eßl. Rahm (süße Sahne)
1 1/4 l Gemüsebrühe
reichlich Schnittlauch
oder Zwiebelröhrle

Mit der schaumig gerührten Butter mischt man die übrigen Zutaten, läßt die Masse in die kochende Brühe einlaufen und kurz aufkochen. Mit Schnittlauch oder Zwiebelröhrle bestreuen.

Grünkernsuppe

1 1/4 l Wasser
3 Eßl. Gemüsebrühe
150 g Grünkern
1 Teel. Majoran, Petersilie, Schnittlauch,
Vollmeersalz, Muskat
2 Eigelb
5 Eßl. Rahm (süße Sahne)

Grünkern fein mahlen, mit 1/4 l Wasser glattrühren, in 1 l kochendes Wasser mit Gemüsebrühe einrühren, kurz aufkochen lassen.
Von der Herdplatte nehmen, Eigelbe und Rahm verquirlen und Suppe legieren. Mit den Gewürzen abschmecken. Mit Goldwürfel (Vollkornbrotwürfel in Butter geröstet) bestreuen und servieren.

Aufgeschmälzte Brotsuppe

ca. 150 g Vollkornbrot
1 1/2 l Gemüsebrühe
Lorbeerblatt
2 Zwiebeln
1 Ei
Majoran
50 g Butter
Kräutersalz, Paprika

Vollkornbrot einweichen, passieren oder durch den Fleischwolf drehen, mit Gemüsebrühe aufgießen – evtl. auch Wasser – Lorbeerblatt, Majoran, Kräutersalz und Pfeffer nach belieben. Die Zwiebeln werden in Scheiben oder grobe Würfel geschnitten, mit Paprika bestreut. In Butter bräunen lassen und kurz vor dem Servieren auf die Suppe in der Terrine geben.

Sellerieklößle

250 g Allgäuer Bergkäse
150 g geschälten Sellerie
120 g Butter
120 g Vollkornmehl
5 – 6 Eigelb
Selleriesalz
Pfeffer, Muskat, gehackte Petersilie

Bergkäse, Knollensellerie und gekühlte Butter in kleine Stücke schneiden und zusammen durch die feinste Wolfscheibe drehen. Mehl, Eigelb, Gewürze und Petersilie dazugeben und rasch einen Teig kneten. Walnußgroße Klößle formen und in Salzwasser ca. 10 Min. ziehen lassen. In gut gewürzter Gemüsebrühe servieren. Mit gehackten Sellerieblättern bestreuen.

Feine Käseknöpfle

250 g Weizenvollkornmehl
100 g Butter
1/2 l Milch
6 Eier
150 g Reibkäse
gehackte Petersilie und
frischgehacktes oder gerebeltes
getrocknetes Basilikum.

Milch und Butter miteinander aufkochen. Das Mehl darunterrühren und auf dem Herd solange rühren, bis sich die Masse vom Topfboden löst. Die Eier, sowie den geriebenen Käse nach und nach unter die Masse geben. Dann mit einem kleinen Löffel Nocken abstechen, in siedendes Salzwasser geben, garziehen lassen (10 – 15 Min.). Danach abtropfen lassen. Die Käseknöpfle passen prima in eine Tomatencremsuppe oder eine kräftig abgeschmeckte Gemüsebrühe.

Klare Gemüsebrühe

250 g Wurzelgemüse (Petersilienwurzel, Karotten, Sellerie, Schwarzwurzel)
1 Zwiebel
1 1/2 l Wasser
50 g Butter
Salz, Muskat, Frugola
Nach Belieben Reibkäse

Die gut gereinigten Gemüse werden zerkleinert und mit Wasser zugesetzt. 30 Min. leicht kochen lassen. Vor dem Anrichten die Butter dazugeben. Wer will, kann Reibkäse dazu reichen – ca. 1 Eßl. Käse für 1 Teller Suppe.

Petersiliensuppe

1 1/4 l Gemüsebrühe
75 g Weizenvollkornmehl
1 feingehackte Zwiebel
50 g Butter
1 Handvoll Petersilie
4 Eßl. Rahm (süße Sahne)
Vollmeersalz, Pfeffer, Muskat

Gemüsebrühe aufkochen lassen, Vollkornmehl unterkochen, einrühren, leicht köcheln lassen (ca. 10 Min.). Währenddessen Butter zerlassen, Zwiebel darin glasig dünsten.
Die Suppe vom Feuer nehmen, gedünstete Zwiebel sowie die feingehackte Petersilie zugeben. Nun mit dem Rahm legieren und abschmecken.

Käsebisquit

3 Eier, getrennt
50 g Weizenvollkornmehl
200 g geriebenen Emmentaler
Muskat

3 Eigelb mit Muskatprise aufschlagen. Steifgeschlagenen Schnee von 3 Eiern, 50 g Mehl und 200 g geriebenen Allgäuer Emmentaler nacheinander unterheben; ein gefettetes Pergamentpapier auf ein Backblech legen und die Masse 1 cm dick aufstreichen, dann im Ofen flott backen; abgekühlt in Rauten schneiden. Backzeit 10 Min. bei 180 Grad. In Gemüsebrühe als Einlage reichen.

Brennsuppe – Brennte Mehlsuppe

60 g Butter
5 Eßl. Vollkornmehl
1 1/2 l Gemüsebrühe
1 Zwiebel
1 gelbe Rübe (Karotte)
Majoran, Frugola, Muskat, Kräutersalz

Die Zwiebel goldbraun in Butter anschwitzen, das Vollkornmehl dazugeben, glattrühren. Mit Gemüsebrühe aufgießen, aufkochen lassen. Gelbe Rübe hineinraspeln. Mit Frugola, Kräutersalz, Muskat und Majoran würzen.

Sauerampfersuppe

ca. 300 g Sauerampfer
2 Eßl. Butter
4 Eßl. Vollkornmehl
ca. 1 l Wasser oder Gemüsebrühe
2 Eigelb
1 Tasse Rahm (süße Sahne)

Aus Butter und Vollkornmehl eine helle Mehlschwitze bereiten, mit Wasser aufgießen und 10 Min. kochen lassen. Dann den verlesenen, gewaschenen, feingeschnittenen Sauerampfer dazugeben, kurz köcheln lassen. Mit Eigelb und Rahm legieren und abschmecken, Frugola, Vollmeersalz, Pfeffer und Muskat. Mit Goldwürfeln (Vollkornbrotwürfel in Butter geröstet) bestreuen.

Käsebrandteigknöpfle

1/4 l Milch
40 g Butter
1 Prise Vollmeersalz
125 g Weizenvollkornmehl
70 g feingeriebenen Hartkäse
4 Eier

Milch, Butter und Salz aufkochen, das Vollkornmehl auf einmal hineingeben, ebenso den Käse. Die Masse solange rühren, bis sich ein Kloß bildet. Dann vom Herd nehmen, ein Ei nach dem anderen hinzugeben. Nach jedem Ei muß der Teig glatt gerührt werden. Den Käsebrandteig mit einem Dressierbeutel (Spritzbeutel) mit kleiner Lochtülle etwa kirschgroß auf ein Backblech tupfen und bei 200 Grad etwa 30 – 40 Min. bakken. Gereicht werden diese als Suppeneinlage für klare Gemüsebrühe, aber auch bestens passend für eine Tomatensuppe.

Grüne Knöpfle

50 g Butter
2 Eier
100 g Vollkornsemmelbrösel
Vollmeersalz, Pfeffer,
Muskat, etwas Majoran
50 g frischen Spinat
etwas Schnittlauch
gehackte Petersilie
Liebstöckel

Butter schaumig rühren, Eier dazu geben, sowie die Vollkornsemmelbrösel und würzen.
Grünzeug und Spinat waschen, fein schneiden, unter die Masse rühren. 1/4 Std. quellen lassen. Walnußgroße Kößle formen und in siedendem Salzwasser 5 Min. garziehen lassen.

Grießknöpfle

40 g Butter
1 großes Ei
60 g Vollkorngrieß
Salz, Muskat
gehackte Petersilie

Mit der schaumig gerührten Butter rührt man Ei, Vollkorngrieß, Gewürze und gehackte Petersilie glatt an. Teig etwa 1 Stunde stehen lassen. Mit einem Kaffeelöffel kleine Klößchen formen. In klarer Gemüsebrühe garziehen. Ca. 15 Min. köcheln lassen.

Allgäuer Käseknöpfle

50 g Butter
150 g geriebenen Emmentaler
1 Ei
Vollmeersalz, Muskat, Pfeffer
gehackte Petersilie,
etwas Liebstöckel
100 g Vollkornsemmelbrösel

Butter wird schaumig gerührt. Reibkäse, Ei und Gewürze hinzugeben, ebenso die Semmelbrösel und glattrühren. 10 Min. quellen lassen. Nun formt man mit feuchten Händen walnußgroße Knöpfe. Läßt diese in leicht kochendem Wasser 15 Min. garziehen. In Gemüsebrühe servieren.

Brunnenkresseklößle

Zutaten wie Allgäuer Käseknöpfle (s.o.)
1 Handv. Brunnenkresse

Als Grundrezept wie obenstehend "Allgäuer Käseknöpfle". Dieser Grundmasse gibt man eine Handvoll kleingeschnittene Brunnenkresse dazu.

Tomatensuppe

2 Eßl. Butter
1 feingehackte Zwiebel
1 Knoblauchzehe
750 g abgezogene Tomaten
1 Eßl. Weizenvollkornmehl
1/2 l Wasser
1 Eigelb
1/4 l Rahm (süße Sahne)
100 g Reibkäse
Frugola, Vollmeersalz, Pfeffer
und Majoran nach Geschmack
gehackte Petersilie

Die Butter in einem Topf erhitzen und die feingehackten Zwiebeln, die zerdrückte Knoblauchzehe und die kleingeschnittenen Tomaten 5 Minuten darin dünsten. Die Suppe mit dem Mehl bestauben, das Wasser zugeben und diese Mischung dann 10 – 15 Min. langsam kochen. Das Eigelb zu der Suppe geben, die noch 5 Min. ziehen sollte, keinesfalls aber kochen. Die gehackte Petersilie darüberstreuen. Die Suppe kann natürlich auch passiert werden. Den Rahm steifschlagen, mit dem geriebenen Käse vermischen und damit die Suppe krönen.

Legierte Grünkernsuppe

100 g Zwiebeln
100 g Butter
250 g Grünkernmehl
2 l Wasser – besser Gemüsebrühe
1 Staude Lauch
1 kl. feingeriebene oder in Würfel
geschnittene Sellerieknolle
Salz, Pfeffer, Muskat
3 Eigelb
1/8 l Rahm (süße Sahne)

Zwiebeln schälen, in Würfel geschnitten mit Butter und Grünkernmehl leicht anrösten, mit Wasser aufgießen. Die Suppe mit dem Schneebesen glattrühren und bei milder Hitze 15 Min. kochen. Den Lauch in Streifen schneiden, die geriebene Sellerieknolle in die Suppe geben, würzen. Nochmals 10 Min. ziehen lassen und mit dem verquirlten Eigelb und dem Rahm legieren. Nach der Legierung darf die Suppe nicht mehr kochen.

Schwäbische Wasserschnalle

1 Zwiebel
4 dicke Scheiben Roggenvollkornbrot
40 g Butter
Kümmel, Thymian, Majoran
3/4 l heißes Wasser
Vollmeersalz
schwarzer Pfeffer
1 El Butter
Schnittlauch

Die Zwiebel in der erhitzten Butter goldgelb werden lassen, die Gewürze und die Brotwürfel dazugeben und unter gelegentlichem Rühren anrösten. Mit dem Wasser aufgießen, mit Salz und Pfeffer abschmecken und einige Minuten kochen lassen. Kurz vor dem Servieren die Butter unterrühren. Mit Schnittlauch bestreuen.

Weckschnittensuppe

3 – 4 altbackene Vollkornbrötchen
1 1/4 l klare Gemüsebrühe
reichlich Petersilie, Schnittlauch
Liebstöckel und Selleriekraut

Die Wecken werden in dünne Scheiben geschnitten, im Backofen hellgelb geröstet und mit kochender Gemüsebrühe übergossen. Die Suppe sollte sofort gegessen werden.

Süße Hauptspeisen

Wohl eine der ganz besonders typischen Gerichte aus Schwaben sind die süßen Hauptgerichte. Sie werden staunen, wie gut sie schmecken – auch ohne Zucker.

Zwetschgennudeln mit Zwetschgensoße (Abbildung: S. 67)

300 g Weizenvollkornmehl
30 g Hefe
1/8 l lauwarme Milch
3 EBl. Honig
30 g Butter
1 Prise Vollmeersalz
abgeriebene Schale einer halben Zitrone
15 Zwetschgen
50 g Butter für die Form

für die Soße:
500 g Zwetschgen
150 g Honig
2 cl. Zwetschgenwasser
1/8 l halbsteif geschlagene Sahne
1 Tl. Delifrut
Saft einer halben Zitrone

Das Mehl in eine Schüssel sieben, in die Mitte eine Vertiefung drücken und die Hefe hineinbröckeln. Mit der lauwarmen Milch und dem Honig verrühren und den Hefeansatz mit einem Tuch bedeckt 20 Minuten an einem warmen Ort gehen lassen. Die Butter zerlaufen lassen, mit dem Salz und der Zitronenschale zum Hefeansatz geben und dann alles zu einem Hefeteig schlagen. Zugedeckt wieder 20 Minuten gehen lassen. Die Zwetschgen waschen und mit einem Tuch abreiben, halbieren und entsteinen. Den gegangenen Hefeteig in 15 gleiche Teile teilen, in die Mitte jedes Hefestückes eine Zwetschge legen und das Teigstück dann rund formen. Die Butter in der Kasserolle erwärmen und die gefüllten Zwetschgennudeln hineinsetzen. Zugedeckt nochmals 15 Minuten gehen lassen und im vorgewärmten Backofen bei 200 Grad 20 – 25 Min. backen.
Für die Soße: Die Zwetschgen abreiben, entsteinen und im Mixer oder mit dem Mixstab pürieren. Den Honig und das Zwetschgenwasser zugeben. Zum Schluß die Sahne einrühren.

Grießauflauf

3/4 l Milch
130 g Demeter Weizengrieß
3 Eßl. Honig
1 Prise Vollmeersalz
5 Eier
150 g Weinbeeren, ungeschwefelt
1 abgeriebene Zitrone
2 MS Vanillgewürz
100 g Butter
Butter für die Auflaufform

Milch mit Honig und Salz zum Kochen bringen. Weizengrieß langsam einrühren, Butter zugeben; kurz quellen lassen, von der Herdplatte nehmen und die Eigelbe unterrühren. Auskühlen lassen, nun den steifgeschlagenen Eischnee, die abgeriebene Zitronenschale und das Vanillgewürz unterziehen, ebenso die gewaschenen Weinbeeren.

Auflaufform ausfetten und Grießmasse einfüllen, bei 175 Grad ca. 45 Min. backen.

Ein rohes Beerenmus oder Holdermus mit Apfelspalten dazu reichen.

Holderküchle (Holderblüten gebacken)

12 Holunderblüten
Für den Teig:
150 g Dinkel oder Weizen
75 g Buchweizen
1/8 l Milch – lauwarm
2 Eier
1 abgeriebene Zitronenschale
2 Eßl. flüssigen Honig
1 Prise Vollmeersalz

Honig mit den Eiern und der Milch gut verrühren, Honig muß sich auflösen. Das Milchgemisch mit einem Schneebesen in die frische, sehr fein gemahlene Mehlmischung unterrühren, abgeriebene Zitronenschale und Salz beifügen. Gut durchrühren, da sich Vollkornmehl leicht absetzt.

Die gut gewaschenen Holderblüten abtropfen lassen, mit dem Stiel in den Teig tauchen und im heißen schwimmenden Fett goldfarben ausbacken.

Mit frischem Beerenmus oder rohem Apfelsalat auftragen.

Quarkknöpfle mit heißen Kirschen

50 g Butter
2 – 3 Eier
60 g Honig
75 g Demeter–Vollgrieß
500 g Quark
1 abgeriebene Zitronenschale
1 Tl Zimt
1 Prise Vollmeersalz
Semmelbrösel und Butter

Heiße Kirschen:
500 g entsteinte Sauerkirschen
150 g Honig
1 Zimtstange
1/2 Teel. Agar–Agar

Butter schaumig rühren und abwechselnd Eier, Honig und Grieß dazugeben, den Speisequark unterrühren, mit 1 Prise Salz, Zimt und Zitronenschale abschmekken. Zu Knöpfle formen und in Salzwasser garziehen. Reichlich Semmelbrösel in Butter anrösten, kurz vor dem Anrichten die Knöpfle darin wälzen.
Die Sauerkirschen mit 1 Tasse Wasser, dem Honig und der Zimtstange kurz aufkochen lassen und 5 Min. köcheln lassen.
Mit Agar–Agar abbinden und zu den Quarkknöpfle servieren.

Quark–Haferflocken–Pudding

4 Eier
100 g Honig
70 g Butter
Saft und Schale einer Zitrone
250 g Quark
250 g Demeter grobe Haferflocken
2 Eßl. Weizenvollkornmehl
1 Tl Backpulver
1/4 l Milch
1 Prise Salz
20 g Butter für die Form

Butter, Eier und Honig schaumig rühren. Gerieb. Schale und Saft von 1 Zitrone dazugeben. Quark unterschlagen. Haferflocken, Backpulver, Mehl, Salz und Milch unterrühren. Teig in gefettete Puddingform mit Deckel füllen. 1 1/2 Std. im Wasserbad kochen, dann auf Platte geben, in dicke Scheiben schneiden.
Dazu rohes Zwetschgenmus reichen.

Zum Bild auf Seite 67: Eine typische schwäbische
Spezialität sind Zwetschgennudeln mit
Zwetschgensoße (S. 64)

Träublesauflauf

750 g Quark
4 Eier
100 g Demeter–Weizengrieß
100 g Honig
1 MS Vanillgewürz
abgeriebene Schale 1 Zitrone
2 Teel. Backpulver
400 g Träuble (Weintrauben)
Butter für die Form

Träuble waschen und abzupfen. Quark, Eier, Grieß, Honig, Zitronenschale, Vanillgewürz und Backpulver gut verrühren. Eine feuerfeste Form ausfetten, die Hälfte der Masse einfüllen, dann die Träuble darauf verteilen und mit dem Rest der Quarkmasse zudecken. Im vorgeheizten Rohr bei 200 Grad etwa 45 Min. backen.

Hirseauflauf mit Äpfeln   (Abbildung: S. 96)

250 g Hirse
1 l Wasser
1 Zimtstange
Vanillgewürz
3 Eier – getrennt
700 g Äpfel
150 g grobgehackte Haselnußkerne
150 g Honig
1 abger. Zitronenschale

Wasser mit der Zimtstange und dem Vanillgewürz zum Kochen bringen. Hirse dazugeben, ca. 20 – 30 Min. köcheln lassen. Währenddessen die Äpfel vom Kerngehäuse befreien und grob raspeln und mit dem Honig sowie der Zitronenschale und den Haselnußkernen vermengen. Den etwas abgekühlten Hirsebrei mit den Eigelben, dem Apfelgemisch vermengen. Zum Schluß den steifgeschlagenen Eischnee unterheben. In ausgefetteter Auflaufform im vorgeheizten Rohr backen. 180 – 200 Grad ca. 3/4 Std.

Zum Bild auf Seite 68: Der liebliche, lockere Haselnußauflauf "Ulmer Spatz" (S. 70)

Haselnußauflauf "Ulmer Spatz"

(Abbildung: S. 68)

200 g Haselnüsse, gemahlen
8 Eier – getrennt
100 g Butter
80 g Honig
1 MS Vanillgewürz
1 Prise Nelken, gemahlen
50 g Vollkornbrot
2 Eßl. Rum
Butter für die Form

Vollkornbrot ohne Rinde in Würfel (1 x 1 cm) schneiden, mit Rum tränken. Butter mit dem Honig sowie den Eigelben zur schaumigen Masse rühren, Vanillgewürz und Nelken beigeben, ebenso die Haselnüsse und Vollkornbrotwürfel. Eine feuerfeste Form ausfetten, Haselnußmasse einfüllen. Bei 175 Grad etwa 40 Min. backen.

Pfitzauf

(Abbildung: S. 165)

250 g Weizenvollkornmehl
2 Eßl. Buchweizenmehl
1/2 l Milch
4 Eier
2 Eßl. Honig
1 Prise Vollmeersalz
2 Eßl. zerlassene Butter
Butter zum Ausfetten der Formen

In die Milch das Weizen–Buchweizenmehlgemisch einrühren. Eier, Honig und Vollmeersalz dazugeben. Zuletzt die zerlassene Butter daruntermengen. In 8 gut ausgefettete Pfitzaufförmchen einfüllen.
Bei 200 Grad etwa 3/4 Std. hellbraun backen (im vorgeheizten Rohr). Während des Backens darf der Ofen nicht geöffnet werden, sonst sitzen die Pfitzauf zusammen. Sofort auftragen und mit rohem Beerenmus, Äpfelsalat servieren.

Allgäuer Nonnenfürzle

Brandteig oder Brühteig:
1/4 l Milch
125 g Weizenvollkornmehl
50 g Butter
1 Prise Vollmeersalz
4 Eier
1 Tl Backpulver
Diäsan zum Ausbacken

Milch mit Butter und Prise Salz aufkochen, das Vollkornmehl auf einmal hineingeben, rühren, bis sich ein Kloß zusammenballt. Von der Herdplatte nehmen und nacheinander die Eier unterrühren – nach jedem Ei muß der Teig vollständig glattgerührt sein – sowie das Backpulver.
Mit einem Teelöffel kleine Knöpfle formen, im siedenden Fett goldfarben ausbacken.

Apfelmännle

6 – 8 Äpfel (am besten Boskop)
30 g Butter
Saft 1/2 Zitrone
3 EßI. Honig
3 Eier
1 MS Vanillgewürz
etwas abgeriebene Zitronenschale
4 EßI. Weizenvollkornmehl
1/4 l Milch
2 EßI. gehackte Haselnüsse

Den Backofen auf 200 Grad vorheizen. Die Äpfel schälen, entkernen und in feine, dünne Schnitze schneiden. Eine Auflaufform ausbuttern, die Apfelschnitze einlegen, mit Zitronensaft beträufeln. Auf mittlerer Schiene 10 Min. dünsten. Die Eier trennen, Eigelbe mit dem Honig, Vanillgewürz und Zitronenschale schaumig rühren. Dann abwechselnd Mehl und Milch mit dem Schneebesen einrühren und einen glatten Teig schlagen. Die Eiweiße steif schlagen und unter den Teig heben. Die Masse über die vorgedünsteten Äpfel gießen und weitere 20 – 25 Min. backen. Heiß mit Haselnüssen bestreut servieren.

Kirschbettelmann

150 g Vollkornweckmehl
200 g geriebene Haselnüsse
100 g Butter
1 abgeriebene Zitrone
100 g Honig
1 Teel. Zimt
3 EßI. Rum
750 g Kirschen (entsteint)
3 EßI. Honig
1 Messerspitze Vanillgewürz
1 abger. Zitrone

Vollkornweckmehl und Haselnüsse in Butter anrösten, Honig, Zimt u. Zitronenschale beigeben. Kirschen mit Honig, Zitronenschale und Vanillgewürz vermengen. In eine gut ausgebutterte feuerfeste Form eine Schicht Bröselmasse füllen, dann die Kirschen, nochmals eine Schicht Bröselmasse. Reichlich mit Butterflocken obenauf bei 170 Grad etwa 45 Min. backen.

Schneiderfleck

250 g Weizenvollkornmehl
30 g Hefe
5 EBl. Honig
70 g Butter
1 Ei
knapp 1/8 l lauwarme Milch
80 g Butter
Kokosflocken zum Bestreuen
1 Prise Vollmeersalz

Mehl in eine Schüssel geben, in die Mitte eine Mulde drücken. Die Hefe hineinbröckeln und mit etwas lauwarmer Milch verrühren, Schüssel mit einem Tuch abdecken und den Vorteig etwa 10 Min. gehen lassen. Den Honig, die Butter, Salz, Ei und Milch dazugeben und alles zu einem glatten Teig verkneten. Teig noch mal 30 Min. gehen lassen. Inzwischen eine feuerfeste, rechteckige Form mit Butter ausstreichen. Den Hefeteig 1 cm dick ausrollen, in viereckige Teigstücke in Größe einer Kinderhand schneiden. Schuppenartig in die Form legen, dabei die Oberseite immer mit reichlich flüssiger Butter einpinseln. Bei 200 Grad ca. 30 Min. backen. Zum Essen aus der Form stürzen, mit der Gabel zerreißen und mit Kokosflocken bestreuen. Dazu paßt rohes Beerenmus.

Nackete Dampfnudeln

500 g Weizenvollkornmehl
100 g Butter
2 Eier
ca. 1/4 l Milch
1/2 Tl Vollmeersalz
1 EBl. Honig
40 g Hefe
1 Tasse Milch
50 g Butter

Aus Mehl, Butter, Eiern, der lauwarmen Milch mit Honig aufgelöst, sowie aufgelöster Hefe einen Teig rühren. Solange schlagen, bis er Blasen zeigt und sich von der Schüssel löst.
Hefeteig zugedeckt an einem warmen Ort ca. 1/2 Std. gehen lassen. Anschließend 1 cm dick auswellen, mit einem Glas ausstechen, nochmals auf einem bemehlten Brett gehen lassen.
In eine Kasserolle nun eine Tasse Milch und 50 g Butter geben und zum Kochen bringen. Die Nudeln dicht aneinander setzen. Kasserolle zudecken. In vorgeheizter Röhre bei 220 Grad ca. 30 Min. backen lassen. Dampfnudeln sofort herausnehmen und auftragen.

Ofenschlupfer–Scheiterhaufen

(Abbildung: S. 82)

5 Weizenvollkornwecken
750 g säuerliche Äpfel
3/4 l Milch
3 Eier
50 g Butter
100 g Weinbeeren, ungeschwefelt
70 g Honig
100 g grob gehackte Haselnüsse
Zimt, gemahlen
Butterflocken

Vollkornwecken in Scheiben schneiden, eine ausgefettete feuerfeste Form damit auslegen.
Äpfel waschen, vom Kerngehäuse befreien, raspeln und hinzugeben, ebenso den Honig, Zimt, die Weinbeeren und die Nüsse. Die Apfelmasse in die Form geben, nochmals eine Schicht Weckschnitten drauf. Nun verquirlt man Milch mit den Eiern und verteilt sie gleichmäßig über den Auflauf. Noch mit Butterflocken versehen und im vorgeheizten Rohr ca. 45 Min. bei 200 Grad backen lassen.
Hierzu können anstatt der Äpfel auch Kirschen oder Zwetschgen verwendet werden.
Vanillsoße oder Mostschaumsoße (S. 143) dazu reichen.

Quark–Zwetschgenklöße

ca. 150 g Weizenvollkornmehl
500 g Quark
2 Eier
75 g Honig
1 Prise Vollmeersalz
1 abgeriebene Zitrone
1 Tl. Delifrut
16 Zwetschgen

Quark in ein Tuch geben, gut ausdrücken, in eine Schüssel geben, mit den Eiern, Honig, Prise Vollmeersalz, abgeriebener Zitronenschale und dem Vollkornmehl vermengen. Der Teig muß weich sein und sich gut mit den Händen formen lassen. Gegebenenfalls noch etwas Vollkornmehl beigeben. Den Teig in 16 gleichgroße Stücke teilen.
In jede Teigportion eine halb aufgeschnittene entsteinte Zwetschge geben und mit angefeuchteten Händen Knöpfle formen. In reichlich siedendem leichten Salzwasser etwa 15 Min. garziehen lassen. Mit zerlassener Butter servieren.

Gratinierte Stachelbeeren "Hohenstaufen" (Abbildung: S. 81)

300 g Stachelbeeren
100 g gemahlene Haselnüsse
3 Eier – getrennt
4 Eßl Honig
1/8 l Milch
1 MS Vanillgewürz
Butter für die Form
Saft und abgeriebene Schale von 1/2 Zitrone

Stachelbeeren waschen, abtropfen lassen. Haselnüsse und Stachelbeeren vermengen und in die vorgefettete Auflaufform geben.
Eigelb mit Honig, Milch, Zitronensaft und Zitronenschale sowie Vanillgewürz 5 Min. gut rühren.
Steif geschlagenen Eischnee unter die Eimasse ziehen, über die Stachelbeeren geben.
Bei 175 Grad ca. 30 Min. gratinieren.

Versoffene Jungfern

8 altbackene Vollkornwecken
3 Eier
5/8 l Milch
4 Eßl. Honig
1 abgeriebene Zitrone

Eier, Honig, Milch und Zitronenschale verquirlen. Vollkornwecken mit dem Reibeisen abreiben und in das Milch–Eiergemisch tauchen – mehrmals wenden, bis sich die Wecken vollgesaugt haben!
Vorsichtig herausnehmen, leicht ausdrücken, in dem abgeriebenen Weckmehl wenden. In einer Stielpfanne mit reichlich Diäsan goldgelb backen. Die Kartäuser Klöße werden mit nachstehender Rotweinsoße übergossen und heißen dann "versoffene Jungfern".

Rotweinsoße

1/2 l Rotwein
5 Eßl. Honig
1 Stückle Zitronenschale
1 Zimtstange
3 Nelken
2 Eßl. Zitronensaft

Rotwein mit Zimtstange, Nelken und Zitronenschale 15 Min. köcheln lassen. Mit Honig und Zitronensaft nachwürzen. Zimtstange, Nelken und Zitronenschale entfernen.

Apfelquarkauflauf

500 g Quark
50 g Vollkorngrieß
1 Tl. Backpulver
70 g Honig
4 Eier – getrennt
Schale 1/2 Zitrone
100 g Rosinen, ungeschwefelt
500 g Äpfel, entkernt in Scheiben geschnitten
30 g Butter zum Ausfetten der Form

Butter, Honig und Eigelb zu einer Schaummasse rühren. Den Quark zu der Schaummasse geben. Grieß mit Backpulver vermischen und ebenfalls untermengen. Die geriebene Zitronenschale, die gewaschenen Rosinen zum Teig geben. Das Eiweiß zu sehr steifem Schnee schlagen und zum Schluß unterziehen. Eine Auflaufform gut ausbuttern und mit vorbereiteten Äpfeln auslegen und die Auflaufmasse darübergeben. Bei 180 Grad ca. 1 Std. backen.

Variation:
Kann auch mit Rhabarber gemacht werden. Rhabarber schälen, in 2 cm lange Stücke schneiden, in die gebutterte Auflaufform geben und 10 Min. vorbacken, dann Quarkmasse auffüllen und backen.

Zwetschgen–Auflauf   (Abbildung: S. 109)

1 kg Zwetschgen
50 g Vollkornweckmehl
20 g Butter für die Auflaufform
80 g Butter
70 g Honig
4 Eier – getrennt
150 g Haselnüsse
50 g Weizenvollkornmehl
3 Eßl. Zwetschgenwasser
1 abgeriebene Zitrone
2 MS Vanillgewürz
1 Tl. Backpulver

Butter mit Honig schaumig rühren. Eigelbe dazugeben, ebenso das Vanillgewürz, die abgeriebene Zitrone und rühren. Die Hälfte der Haselnüsse fein mahlen, mit dem Vollkornmehl, Backpulver und Zwetschgenwasser unterrühren. Eiweiß zu einem steifen Schnee schlagen und vorsichtig unterheben.
Zwetschgen gewaschen, halbiert und entsteint mit dem Vollkornweckmehl mischen. In die gebutterte feuerfeste Form geben, mit Teigmasse auffüllen. Mit den restlichen grob gehackten Haselnüssen bestreuen. Im vorgeheizten Rohr ca. 1 Std. bei 175 Grad backen. Dazu Vanillsoße reichen.
Dieses Rezept kann auch mit entsteinten Kirschen anstatt mit Zwetschgen zubereitet werden. Statt des Zwetschgenwassers nimmt man dann Kirschwasser.

Rahmstrudel

Grundrezept Pfannkuchen–Flädle (S. 77)
4 Äpfel
100 g Rosinen
2 Eßl. Honig
Zimt
Delifrut
100 g gehackte Haselnüsse o. Walnüsse
3 Eier
1/4 l Rahm (süße Sahne)

Pfannkuchen–Flädle (S. 77) ausbacken, erkaltet zusammengerollt in Streifen schneiden. Aus Äpfeln Kerngehäuse entfernen, ungeschält grob raspeln, vermengen mit gewaschenen Rosinen, Honig, Zimt, etwas Delifrut und den gehackten Haselnüssen oder Walnüssen. Die Hälfte der geschnittenen Flädles in eine gebutterte feuerfeste Form geben, dann die Apfelmasse, nochmals eine Schicht Flädle. Nun verquirlt man die Eier, den Rahm, übergießt den Flädlestrudel, backt bei 180 Grad ca. 30 Min.

Apfel–Rosinen–Knöpfle   (Abbildung: S. 124)

3 Eier
1 Prise Vollmeersalz
2 Eßl. Honig
1/2 unbehand. Zitrone
(Saft u. abgeriebene Schale)
1/8 l Milch
2 Eßl. Butter
400 g Weizenvollkornmehl
500 g Äpfel
100 g ungeschwefelte Rosinen
2 Eßl. Rum
100 g Butter
50 g Honig
etwas Zimt

Eier mit dem Salz, Honig, der Milch und der geschmolzenen Butter, dem Saft sowie abgeriebener Zitrone verquirlen. Nach und nach das Mehl einstreuen. Äpfel schälen, vierteln, entkernen und kleinwürfeln. Rosinen waschen, abtrocknen und mit dem Rum beträufeln. In den Teig mischen. Mit einem Eßl. ca. 20 Klöße abstechen, formen und in siedendem Salzwasser 20 Minuten garziehen lassen. Vor dem Servieren 100 g Butter zerlaufen lassen, 50 g Honig dazugeben, sowie etwas Zimt, damit die Knöpfle abschmelzen.
Mit rohem Zwetschgenmus schmecken die Knöpfle ebenso herrlich.

Pfannkuchen–Flädle (Grundrezept)

250 g Weizenvollkornmehl
1 gr. Eßl. Buchweizenmehl
4 Eier
1 Prise Vollmeersalz
1/2 l Milch
Diäsan zum Ausbacken

Die Zutaten werden mit dem Schneebesen zu einem glatten Teig gerührt. 1/4 Std. quellen lassen. Pfannkuchen in Diäsan ausbacken. Beim Wenden nochmals etwas Fett zugeben. Jeweils umrühren, Vollkornmehl setzt sich schnell ab. Mit rohem Beerenmus bestreichen. Sollen die Flädle zur Suppeneinlage verwendet werden, so werden diese nach dem Erkalten gerollt und in feine Streifen geschnitten. Hierzu kann die Teigmasse kräftiger mit Vollmeersalz, Muskat evtl. auch gehackter Petersilie gewürzt werden.

Kirschflädle

Grundrezept (s.o.)
6 Eßl. Milch
50 g Honig
Zimt

Aus dem Grundrezept (s.o.) bereitet man kleine Küchlein, die man ins heiße Fett gibt, legt einige entsteinte Kirschen darauf; langsam auf beiden Seiten backen. Milch, Honig und Zimt erwärmen und über die Pfannküchlein geben.

Apfelflädle

Grundrezept (s.o.)
400 g geraspelte Äpfel
150 g gehackte Haselnüsse

Man gibt unter den Pfannkuchenteig (s.o.) geraspelte Äpfel, sowie gehackte Haselnüsse, bäckt Pfannkuchen aus.
Faltet die Küchlein zu einem Dreieck. Beim Anrichten gibt man wiederum die erwärmte Milch-Honig-Zimt-Masse darüber.

Hauptgerichte

Für den täglichen Hausgebrauch stellen wir hier deftige Mahlzeiten auf schwäbische Art vor.

Morchel–Pfifferling–Goulasch

50 g getrocknete Spitzmorcheln
375 g Pfifferlinge
125 g Zwiebeln
20 g Butter
1 Bund Schnittlauch
Vollmeersalz
Pfeffer aus der Mühle

Die Morcheln kräftig unter kaltem Wasser abbrausen, dann in 1/4 l warmen Wasser einweichen. Pfifferlinge putzen und abtropfen lassen. Die Zwiebeln pellen und in Würfel schneiden, in der Butter glasig andünsten. Die abgetropften Morcheln und die Pfifferlinge dazugeben, dann 1/8 l der Einweichflüssigkeit von den Morcheln dazugießen und die Pilze 5 bis 7 Minuten schmoren. Inzwischen den Schnittlauch in Röllchen schneiden und dazugeben. Mit Vollmeersalz und Pfeffer abschmecken.
Dazu als Beilage Kräuter–Spätzle (S. 107).

Buchweizen überbacken

3/4 l Wasser
1 Teel. Frugola
1/2 Würfel Gemüsebrühe
150 g tiefgekühlte Erbsen
250 g ganzer Buchweizen
1 Teel. Bohnenkraut
Petersilie
Vollmeersalz, Pfeffer nach Geschmack
150 g Reibkäse

Wasser mit Frugola, Gemüsebrühwürfel aufkochen, Buchweizen zugeben, 20 – 25 Min. bei kleiner Flamme quellen lassen. Erbsen dazugeben, abschmecken, mit Käse bestreuen und überbacken. Dazu passen frische Salate und gratinierte Tomaten.

Schwäbische Schupfnudeln

1 kg Kartoffeln (vom Tag zuvor)
1 – 2 Eier
Vollmeersalz
Muskatnuß – gerieben
2 – 3 Eßl. Vollkornmehl
Diäsan oder Butter

Die Kartoffeln reiben, mit den anderen Zutaten auf dem Wellbrett zusammenkneten. Man formt mit Vollkornmehl eine lange Rolle, schneidet kleine Stückchen ab und formt diese fingerlang und fingerdick.
Salzwasser zum Kochen bringen, so viel Nudeln zugeben, als schwimmen können; wenn sie hochkommen, sofort mit dem Schaumlöffel herausnehmen, auf ein Brett legen, erkalten lassen. In heißem Fett braun bakken.

Buchweizenknöpfle

200 g Buchweizen
200 g Gemüsebrühe
100 g Quark
5 Eßl. Weizenvollkornmehl
Majoran, Petersilie, Vollmeersalz
ein Hauch Muskat

Den Buchweizen in der Gemüsebrühe 15 Min. kochen und 15 Min. nachquellen lassen. Abgekühlt den Quark und die Gewürze hinzugeben. Vollkornmehl dazugeben und vermengen. Klößle formen – falls notwendig noch ein wenig Vollkornmehl beigeben. In leichtem Salzwasser ca. 15 Min. garziehen.
Die Buchweizenknöpfle können zu Sauerkraut sowie anderen Gemüsearten oder mit Lauchsoße und Salaten gegessen werden.

Schwarzwurzeln im Teigmantel

ca. 1 kg Schwarzwurzeln
2 Eier
1/8 l Milch
150 g Weizenvollkornmehl
1 Eßl. kaltgepreßtes Öl
Kräutersalz, Muskat
Diäsan zum Ausbacken

Die Schwarzwurzeln waschen, schälen. In Salzwasser ca. 30 Minuten mittelweich kochen. Abtropfen lassen, in 8–cm–Stücke schneiden. Eier, Milch, Vollkornmehl, Öl und Vollmeersalz zu einem glatten Teig rühren. Schwarzwurzelstücke in den Teig tauchen, sofort braten.
Mit Kräutermayonnaise servieren.

Gefüllte Kohlräble

4 größere Kohlrabi
50 g Butter
1 Zwiebel
Schnittlauch
200 g Tartex
50 g Reibkäse
1 Tasse Rahm (süße Sahne)
3 Tomaten
Vollmeersalz, Pfeffer
Hauch Muskat
Wacholderbeeren
Frugola
1/4 l Wasser

Die Kohlrabi schälen, aushöhlen. Das Ausgehöhlte wird nun fein geschnitten mit gehackten Zwiebeln in Butter angedämpft. Abkühlen lassen, dann mit Tartex, Schnittlauch und Reibkäse vermengen, Kohlrabi damit füllen, in einen Topf stellen, mit 1/4 l Wasser und Frugola füllen, in Würfel geschnittene abgezogene Tomaten und Wacholderbeeren dazugeben, 1/2 Std. zugedeckt dünsten lassen. Soße abschmecken, mit Rahm legieren, evtl. mit etwas Vollkornmehl abbinden.

Kartoffelpuffer

1 kg Kartoffeln
2 Eier
3 Eßl. Weizenvollkornmehl
etwas Vollmeersalz
ein Hauch Muskat
Diäsan zum Ausbacken

Die geschälten Kartoffeln roh reiben, mit den Eiern, dem Vollkornmehl und den Gewürzen vermengen. Die Masse schnell verwenden, damit die Kartoffeln nicht dunkel werden. Die Kartoffelmasse löffelweise in heißes Diäsan geben und breit streichen, so daß flache Küchlein entstehen. Beidseitig goldbraun backen. Dazu rohes Beerenmus oder Ahornsirup reichen. Die Kartoffelküchle können auch mit Salat serviert werden. Hierbei können der Kartoffelmasse noch frische, notfalls getrocknete Kräuter zugefügt werden (z.B. Petersilie, Schnittlauch, Basilikum, Majoran).

Zum Bild auf Seite 81: Zur Erntezeit, wenn die Stachelbeeren frisch vom Strauch kommen, sollten Sie sich die gratinierten Stachelbeeren "Hohenstaufen" (S. 74) auf keinen Fall entgehen lassen.

Grünkernküchle

150 g Grünkernschrot
1/2 l Wasser
1 Zwiebel
2 mittelgr. gelbe Rüben (Karotten)
Frugola, Vollmeersalz
Lorbeerblatt
80 g Tartex
1 Ei
Majoran
geh. Petersilie
5 Eßl. Vollkornweckmehl
Diäsan zum Braten

Grünkernschrot in Wasser mit Gewürzen, gehackter Zwiebel und den geraspelten gelben Rüben aufkochen und quellen lassen. Gelegentlich umrühren. Nach 25 Min. Lorbeerblatt entfernen, Tartex beimengen, Masse auskühlen lassen. Ei, Weckmehl, Majoran, Petersilie untermengen, Bratlinge formen und in erhitztem Diäsan ausbraten.

Linsen

400 g Linsen
1 gespickte Zwiebel (Lorbeerblatt u. Nelken)
50 g Butter
3 Eßl. Vollkornmehl
Obstessig, Vollmeersalz und Pfeffer
Frugola

Handelt es sich um alte Ernte Linsen, sollten sie abends zuvor eingeweicht werden. Bei neuer Ernte ist dies überflüssig.
Linsen mit der gespickten Zwiebel kochen. Aus Butter und Vollkornmehl eine Mehlschwitze bräunen, mit Wasser aufgießen, gegarte Linsen dazugeben, würzen mit Vollmeersalz, Frugola, Pfeffer und Obstessig. Wer will, kann hier noch eine halbe Sellerieknolle, 1 – 2 gelbe Rüben in feine Würfel geschnitten dazugeben, garen lassen.
Hierzu können Spätzle, aber auch Hefeknöpfle gereicht werden.

Zum Bild auf Seite 82: Zum Ofenschlupfer-Scheiterhaufen (S. 73) paßt am besten Vanill- oder Mostschaumsoße. Anstatt mit Äpfeln kann er auch mit Kirschen oder Zwetschgen angerichtet werden.

Champignon–Nudelauflauf

400 g Vollkornnudeln, Hörnchen
500 g Champignons
2 Zwiebeln
1 Knoblauchzehe
50 g Butter
Vollmeersalz, Pfeffer
wenig Thymian, Petersilie
Saft einer halben Zitrone
5 Eier
1/8 l Milch
Muskat, Vollmeersalz, Pfeffer
3 Eßl. Vollkornsemmelbrösel
120 g gerieb. Emmentaler

Die Nudeln in reichlich Salzwasser garen. In ein Sieb geben, abschrecken und abtropfen lassen. Champignons putzen, waschen und abtropfen lassen. Blättrig schneiden. Zwiebeln schälen und fein hacken. Die geschälte Knoblauchzehe mit etwas Vollmeersalz zerdrücken. Petersilie waschen und kleinhacken. Butter in einer Pfanne erhitzen und Zwiebeln, den Knoblauch und die Petersilie darin andünsten. Die Champignons dazugeben und bei schwacher Hitze 10 – 15 Min. mitdünsten. Mit Vollmeersalz, Pfeffer, Thymian und Zitronensaft abschmecken. Vom Herd nehmen. In eine feuerfeste Auflaufform ein Drittel der Nudeln einfüllen. Darüber die Hälfte der Pilze geben. Wieder ein Teil Nudeln darübergeben. Danach wieder Pilze einfüllen. Mit den übriggebliebenen Nudeln abdecken. In die Mitte die restlichen Pilze geben. Die Eier mit der Milch verquirlen und mit Vollmeersalz, Pfeffer und Muskat würzen. Über den Auflauf gießen. Mit Semmelbrösel und dem geriebenen Käse bestreuen. Im Backofen bei 180 Grad ca. 45 Minuten garen.

Fildersauerkrautauflauf

600 g Sauerkraut
300 g Kartoffeln
4 Eier
1/8 l Milch
Vollmeersalz, Pfeffer
Muskat, Kümmel nach Geschmack
3 Tomaten
150 g Reibkäse

Sauerkraut ausdrücken, mit den in feine Würfel geschnittenen Kartoffeln vermengen und Gewürze beifügen. Dies gibt man in eine ausgefettete Auflaufform. Eier und Milch verquirlen, über das Kraut–Kartoffelgemenge verteilen. Im vorgeheizten Ofen ca. 40 Minuten bei 200 Grad backen. Dann die in Scheiben geschnittenen Tomaten obenauf verteilen und mit Käse bestreuen. Nochmals 10 Minuten gratinieren.

Pilzauflauf

500 g Pilze
(Edelreizker, Steinpilze,
Rotkappen usw.)
750 g Kartoffeln
1 Zwiebel
Petersilie
2 Teel. Kräutersalz
Paprika
Muskat
50 g Butter
1/4 l Rahm (süße Sahne)
3 Eier
2 Eßl. Vollkornweckmehl

Pellkartoffeln schälen, in feine Scheiben schneiden, ebenso die geputzten, gewaschenen Pilze. Zwiebel sowie Petersilie fein hacken. Nun gibt man in die gefettete Auflaufform abwechselnd Kartoffelscheiben, Pilze, Petersilie und Zwiebeln; Rahm, Eier und Gewürze verquirlen, über den Auflauf gießen, mit Weckmehl und Butterflocken bestreuen und bei 180 Grad 3/4 Std. backen.

Nudelauflauf

1 1/4 l Wasser
1 Gemüsebrühwürfel
400 g Vollkornnudeln
1 Stange Lauch
4 Tomaten
2 große Knoblauchzehen
1 Eßl. Wasser
150 g gerieb. Gouda
2 Eier
4 Eßl. saure Sahne
1/4 Teel. Curry
1 Teel. Kräutersalz
Fett für die Form

Gemüsebrühwürfel im erhitzten Wasser auflösen und darin die Nudeln ca. 20 Min. kochen. Dann Lauch in Ringe, Tomaten in Scheiben schneiden und Knoblauchzehen zerdrücken. Lauch im erhitzten Wasser garen und mit dem Käse unter die Nudeln mischen. Dann Eier mit saurer Sahne verquirlen und mit Käse, Knoblauch und Gewürzen zu den Nudeln geben. Die Hälfte in eine gefettete Auflaufform füllen, Tomatenscheiben darauflegen. Restliche Nudelmasse und Tomaten darübergeben, mit etwas Käse bestreuen und ca. 20 Min. bei 200 Grad überbacken.

Eier–Pilz–Näpfle

250 g beliebige Pilze
1 Zwiebel
30 g Butter
1 Tasse gekochter Buchweizen
Vollmeersalz, Pfeffer
Sojasoße, Paprika
20 g Butter für die Förmchen
4 Eier
2 EßI. saure Sahne
50 g Reibkäse
Petersilie, Majoran
wenig Bohnenkraut

Pilze putzen, waschen und halbieren. Zwiebel würfeln. Fett erhitzen. Zwiebel darin glasig dünsten. Pilze zufügen. Bei starker Hitze unter Wenden schmoren, bis alle Flüssigkeit verdampft ist. Dann den gekochten Buchweizen untermischen. Mit Sojasoße, Vollmeersalz, Pfeffer und Paprika kräftig würzen. Die Masse in kleine gefettete Förmchen füllen. Je ein Ei daraufgeben, salzen. Saure Sahne mit Käse und gehackten Kräutern verrühren und auf die Förmchen verteilen. In den kalten Backofen schieben, bei 225 Grad etwa 25 Minuten backen.

Krautkrapfen

500 g Weizenvollkornmehl
3 Eier
1 Prise Vollmeersalz
evtl. 2 – 3 EßI. Wasser
600 g Sauerkraut – roh
100 g Butter
2 Zwiebeln
Vollmeersalz, Pfeffer, Kümmel
1 Lorbeerblatt

Aus dem Vollkornmehl, den Eiern, Vollmeersalz einen Teig zubereiten. Dieser muß geschmeidig sein. Gegebenenfalls noch ein wenig Wasser zugeben. Ca. 10 Minuten ruhen lassen.
Der Teig wird in 4 Stücke geteilt und dünn ausgewellt. Feingehackte Zwiebeln mit einem EßI. Butter in der Pfanne glasig werden lassen, Sauerkraut dazugeben und würzen. Nur kurz anrösten.
Der ausgewellte Teig wird in etwa 5 cm breite Streifen geschnitten, die Krautfülle darauf verteilt, zusammengerollt. Im Tiegel oder einer feuerfesten Form Butter zergehen lassen, die Krautkrapfen aufrecht nebeneinander setzen und noch ein Lorbeerblatt hinzugeben. Zugedeckt werden die Krapfen nun etwa 30 Minuten bei mäßiger Hitze gedünstet.

Pikanter Hirseauflauf

1 l Wasser
3 EßI. Bio–Gemüsebrühe
300 g Hirse
1 Staude Lauch
100 g feingewürfelte gelbe Rüben (Karotten)
100 g Sellerie in Würfel
Vollmeersalz
Muskat, Pfeffer
4 Eier – getrennt
1/8 l Rahm (süße Sahne)
Butter zum Ausfetten der Form

Wasser mit Bio–Gemüsebrühe zum Kochen bringen. Den gewaschenen Lauch in dünne Scheibchen, Sellerie und gelbe Rüben in feine Würfel schneiden, Hirse dazugeben. 15 Min. köcheln und 15 Min. nachquellen lassen. Etwas abkühlen lassen.
Die Eigelbe mit Rahm verquirlen, unter die Hirsemasse mischen, mit den Gewürzen abschmecken. Zum Schluß den steifgeschlagenen Eischnee unterheben und in die ausgefettete Auflaufform geben.
Bei 200 Grad ca. 45 Minuten backen.

Kohlrabi mit Buchweizenfüllung

4 Knollen Kohlrabi
60 g Buchweizen – ganz
30 g Butter
3 EßI. Quark
1 EßI. Weizenvollkornmehl
Vollmeersalz, Pfeffer
Oregano, Paprika
2 Teel. Tomatenmark
1 EßI. Vollkornmehl
1 Teel. Frugola und Vitam R
2 EßI. Rahm (süße Sahne)

Die Kohlrabi schälen und aushöhlen. Den Buchweizen in 1 Tasse Wasser 10 Minuten köcheln lassen. Das ausgehöhlte Kohlrabiinnere raspeln, die Herzblättchen fein schneiden, mit dem Buchweizenbrei vermengen. Mit dem Quark, den Gewürzen abschmecken und die gewürzte Masse in die Knollen füllen.
In einen Topf gesetzt mit ca. 1/4 l Wasser, Frugola dazugeben sowie das Tomatenmark, garziehen lassen. Vollkornmehl einstreuen, eindicken.
Vor dem Servieren Butter zugeben und mit Rahm legieren.

Variante
Anstatt der Kohlrabi können hierzu auch Sellerieknollen genommen werden.

Gefüllte Kartoffeln

1 Teel. Kümmel
8 mittelgroße Kartoffeln
70 g Butter
2 Eigelbe
3 Eßl. saure Sahne
100 g Reibkäse
gehackte Petersilie und Majoran
Vollmeersalz, Pfeffer, Muskat
Paprika nach Belieben
4 in Scheiben geschnittene Tomaten
wenig Basilikum
50 g Butter für Butterflöckchen

Die gewaschenen Kartoffeln in leichtem Salzwasser mit einem Teel. Kümmel ca. 30 Minuten kochen. Abschrecken und pellen. Die Kartoffeln zur Hälfte aushöhlen. Ausgehöhlte Kartoffelmasse mit Butter, den Eigelben, saurer Sahne, dem Reibkäse und den Gewürzen zerdrücken. Diese Masse füllt man in die ausgehöhlten Kartoffeln. Feuerfeste Form mit Butter ausfetten und mit den in Scheiben geschnittenen Tomaten auslegen, mit Basilikum bestreuen. Die gefüllten Kartoffeln darauf setzen und mit Butterflocken versehen. Bei 225 Grad ca. 1/4 Stunde gratinieren.

Jägertopf

200 g Zwiebeln
500 g Pfifferlinge oder andere Waldpilze
300 g gelbe Rüben (Karotten)
300 g Erbsen
300 g Kartoffeln
2 Eßl. Frugola
1/4 l Wasser
Vollmeersalz, Pfeffer,
Muskat nach Geschmack
30 g Butter
200 g Zwiebeln
30 g Butter, Paprika, Majoran, Petersilie

Zwiebeln werden geschält in feine Würfel geschnitten, Pilze reinigen, Kartoffeln, gelbe Rüben ebenfalls waschen, in kleine Würfel oder Scheiben schneiden. Zwiebeln in Butter andämpfen, in eine feuerfeste Form geben, dazu gibt man die Hälfte des Gemüsegemisches, jetzt die Pilze, dann noch den Rest des Gemüses obenauf. Jeweils schichtweise würzen. Frugola in 1/4 l heißen Wasser auflösen, dazugießen. 45 Minuten bei 180 Grad garschmoren. 300 g in Scheiben geschnittene Zwiebeln in der restlichen Butter anbräunen, mit Paprika, Majoran, Petersilie würzen. Die Zwiebeln auf den Jägertopf geben und servieren.

Vegetarische Maultaschen

(Abbildung: S. 95)

Nudelteig wie bei grünen Krapfen (S. 107)

Füllung:
*150 g Soja–Kost nach Hackfleisch–Art
(von Hensel)
3 EßI. tiefgek. Spinat
2 Vollkornbrötchen
1 – 2 EßI. Weizenvollkornmehl
1 kl. feingeh. Zwiebel
3 EßI. frische Kräuter
(Liebstöckel, Schnittlauch, Petersilie)
1 Teel. Zitronensaft
Vollmeersalz, weißer Pfeffer
Muskat – gemahlen*

Vegetarisches Hackfleisch mit 300 g Wasser einweichen, ca. 10 Min. quellen lassen. Nun die bereits eingeweichten Vollkornwecken, ausgedrückt und zerzupft, den Spinat – aufgetaut –, die Zwiebelwürfel, das Vollkornmehl, die frischen Kräuter zufügen, gut vermengen und pikant abschmecken.

Den bereits vorgefertigten Nudelteig dünn auswalgen. 12 cm große Quadrate schneiden, die Füllung häufchenweise in die Mitte setzen. Ränder mit Eiweiß bestreichen, zusammenklappen, so daß ein Dreieck entsteht. Ränder nochmals festdrücken. Man gibt die Maultaschen in kochende Gemüsebrühe, läßt sie 10 Min. ziehen. Maultaschen können in der Brühe serviert werden – ebenso mit Zwiebeln abgeschmälzt oder auch in Streifen geschnitten mit Ei geröstet aufgetischt werden.

Schrotauflauf

*150 g gelbe Rüben (Karotten)
150 g Sellerie
1 Staude Lauch
100 g Weizenschrot
50 g Roggenschrot
40 g Butter
1/4 l Wasser
1/2 l Milch
2 EßI. Frugola
3 Eier
150 g Reibkäse
Vollmeersalz
Pfeffer*

Das Gemüse wird gereinigt und kleingeschnitten. In Butter kurz andünsten, mit 1/4 l Wasser ablöschen, Frugola dazugeben. Nun aufkochen lassen. Milch dazugeben und Weizen– und Roggenschrot einrühren. Ca. 20 Min. quellen lassen. Eigelb und restl. Gewürze beifügen. Zum Schluß das steifgeschlagene Eiklar und 100 g Reibkäse unterheben. In eine ausgefettete feuerfeste Form geben und den restl. Reibkäse darüber streuen. Backzeit im vorgeheizten Ofen ca. 40 Min. bei 220 Grad.

Spinatpudding

1 kg Spinat
50 g Butter
3 Zwiebeln
1 Knoblauchzehe
7 Eier
Vollmeersalz, Pfeffer, Muskat
2 Eßl. Vollkornsemmelbrösel

Spinat gründlich waschen. Tropfnaß in einen Kochtopf geben. Bei starker Hitze im geschlossenen Topf zusammenfallen lassen und auf ein Sieb schütten. Butter erhitzen, Zwiebelwürfel, zerdrückte Knoblauchzehe darin glasig dünsten. Dann den Spinat unter Wenden etwa drei Minuten mitdünsten. Alles in eine Schüssel füllen und etwas abkühlen lassen. Eier mit Salz und Pfeffer und Muskat verquirlen und unter den Spinat mischen. Eine Puddingform mit etwas Butter ausfetten, mit Bröseln ausstreuen, Spinatmasse einfüllen und Form schließen. In einen Kochtopf mit Wasser stellen. Die Form muß dreiviertel hoch im Wasser stehen. Den Pudding eine Stunde gar kochen und sofort auf eine Platte stürzen.
Dazu passen Röstkartoffeln.

Pikanter Quarkauflauf

500 g Kartoffeln
Vollmeersalz
Pfeffer, Muskat
3 grüne Paprikaschoten
6 Tomaten
8 – 10 Oliven
30 g Butter
gehackter Schnittlauch
und Petersilie
Zwiebelröhrle
1/8 l Milch
1 Ei
1 Eßl. Tomatenmark

Die gekochten, abgekühlten Pellkartoffeln in Scheiben schneiden. Paprikaschoten waschen und putzen und mit den abgezogenen Tomaten in Würfel schneiden (Tomaten oben kreuzweise einschneiden, kurz in kochendes Wasser geben. Lassen sich so am besten abziehen.) Schichtweise Kartoffeln, Paprika, Tomaten, kleingeschnittene Oliven in eine ausgefettete Form geben. Quark mit Milch, Ei, Tomatenmark glattrühren. Mit Grünzeug, Vollmeersalz, Pfeffer, Muskat würzen und über den Auflauf geben. Backzeit ca. 30 Minuten bei 200 Grad.

Klößle in Sauerampfersoße

200 g Pflanzenfleisch (Hensel)
100 g Demeter–Grieß
2 Eier – getrennt
50 g Butter
1 feingeh. Zwiebel
3 EßI. feingeh. Petersilie
1 Teel. Zitronensaft
Vollmeersalz
Muskat nach Geschmack

Butter schaumig rühren, das Pflanzenfleisch, Eigelbe, den Grieß, die feingehackte Zwiebel und die restlichen Gewürze beifügen und gut vermengen. Nun noch den steifgeschlagenen Eischnee unterheben und die Masse etwa 1/2 Std. kühl ruhen lassen. Mit einem Eßlöffel Klößle formen und in leicht siedendem Wasser ca. 10 – 15 Min. garziehen lassen.
Für die Sauerampfersoße nehmen wir die helle Grundsoße und verfeinern diese mit einer reichlichen Handvoll feingehackten Sauerampfer und legieren diese mit 3 EßI. Rahm.

Buchweizenflädle

250 g Buchweizenmehl
lauwarmes Wasser
Vollmeersalz
Muskat
Majoran nach Belieben
1/2 Teel. Weinstein-
Backpulver
Diäsan zum Ausbacken

Das frischgemahlene Buchweizenmehl mit lauwarmem Wasser, den Gewürzen und dem Backpulver zu einem zähflüssigen Brei verrühren. In heißem Diäsan runde kleine Flädle ausbacken, beidseitig goldgelb. Dazu reicht man verschiedene Salate.

Bohnen mit Zwiebelmus

500 g grüne Bohnen
300 g Zwiebeln
50 g Butter
1/2 Tasse Milch
1 Zweig Bohnenkraut
Vollmeersalz, Pfeffer,
Butter zum Schwenken

Die Bohnen mit dem Bohnenkraut in Salzwasser garkochen. Zwiebeln in grobe Ringe schneiden, in Butter andünsten und mit der Milch auffüllen. Die abgegossenen Bohnen in Butter schwenken und mit dem Zwiebelmus überziehen.

Gefüllte Zwiebeln

4 Gemüsezwiebeln
200 g frische Champignons
2 Zwiebeln
1 Bund Petersilie
2 Eßl. Öl
125 g Grünkern
1/2 l Wasser
1 Eßl. Hefeflocken
2 Eßl. gemahlene Nüsse
2 Eßl. Tomatenmark
3 Eßl. Rahm (süße Sahne)
1/4 l Gemüsebrühe

Gemüsezwiebeln schälen, Deckel abschneiden und mit einem Löffel aushöhlen. Champignons waschen, putzen und feinhacken, Zwiebeln schälen und würfeln. Petersilie waschen und hacken. Champignons, Petersilie und Zwiebeln im erhitzten Öl andünsten. Grünkern dazugeben, Wasser angießen und Hefeflocken und Nüsse untermengen. Den Brei ca. zehn Minuten ausquellen lassen. Dann Tomatenmark und Rahm dazugeben. – Zwiebeln mit der Masse füllen und in der heißen Brühe 20 bis 30 Minuten garen.

Pikantes Bohnengemüse

500 g grüne Bohnen
50 g Butter, Salz, Pfeffer
1 Zweig Bohnenkraut
1 Prise Majoran
1 Tasse Gemüsebrühe oder Wasser

Die Bohnen putzen und fein schnibbeln. Butter in einer Kasserolle zerlaufen lassen, die Bohnen dazugeben und mit der Fleischbrühe auffüllen. Würzen und Bohnenkraut und Majoran zugeben. Bei Mittelhitze im geschlossenen Topf garschmoren.

Topfennudeln

600 g Kartoffeln
250 g Topfen (Quark)
Vollkornmehl nach Bedarf
2 Eier
Vollmeersalz, Muskat, Pfeffer
150 g Butter

Kartoffeln werden gekocht, sogleich abgepellt und durch den Spätzlesdrücker gepreßt. Topfen, Eier und Vollkornmehl hinzugeben und einen festen Teig kneten.
Nun Nudeln formen, ca. 5 cm lang und 2 cm Durchmesser. In einer Pfanne goldbraun auf allen Seiten braten. Hierzu reicht man pikant angemachten Quark.

Käsekartoffeln

8 große Kartoffeln
40 g Butter
8 Eßl. Rahm (süße Sahne)
Vollmeersalz, Pfeffer, Muskat
4 Eigelb
150 g geriebener Käse
gehackte Petersilie
Bohnenkraut
Alufolie
etwas kaltgepreßtes Öl

Kartoffeln gut waschen und abtrocknen, einige Male die Haut einstechen, damit sie nicht platzt. Alufolie mit etwas Öl bepinseln, Kartoffeln einzeln damit gut einschlagen. Im heißen Rohr für ca. 45 Minuten garen. Kartoffeln mit der Folie kreuzweise einschneiden, das Innere etwas aushöhlen. Das Kartoffelfleisch mit weicher Butter und Rahm vermengen, leicht salzen und pfeffern, Strich Muskatnuß dazugeben, auch Eigelb und geriebenen Käse sowie gewiegte Petersilie und Bohnenkraut. Diese Mischung in die Kartoffeln füllen und nochmals im heißen Rohr für 10 Minuten bei mittlerer Hitze überbacken.

Champignon–Topf

500 g Champignons (in dicken Scheiben)
4 feingehackte Zwiebeln
2 durchgepreßte Knoblauchzehen
5 enthäutete Tomaten
Öl, Zitrone, Rosmarin, Pfeffer,
Lorbeerblatt, Vollmeersalz

Champignons und Knoblauch zu angedünsteten Zwiebeln geben, 10 Minuten dünsten. Tomaten und Gewürze hinzu, weitere 5 Minuten dünsten. Mit Zitronensaft beträufeln.

Ulmer Klößle

5 altbackene Vollkornwecken
1 mittelgroße Zwiebel
1 – 2 Eier
1 Teel. Butter
Petersilie, gehackt
Vollmeersalz, Pfeffer, Muskat

Die altbackenen Wecken werden im kalten Wasser eingeweicht, dann gut ausgedrückt und verzupft.
Zwiebel in Butter glasig dünsten, reichlich Petersilie zugeben. Sämtliche Zutaten gut vermischen. Mit bemehlten Händen Klößle formen. Ist der Teig zu weich, gibt man Vollkornweckmehl hinzu. Im Salzwasser 15 Minuten garziehen lassen. Beim Anrichten mit in Butter gebräuntem Weckmehl abschmälzen.

Kartoffelpudding mit Pilzen

500 g Kartoffeln
200 g blanchierte Waldpilze oder Pfifferlinge
125 g Demeter–Vollgrieß
2 Eier
150 g geriebener Emmentaler
1/8 l Milch
Petersilie, Schnittlauch, Majoran,
Vollmeersalz, Pfeffer, Muskat
30 g Butter
Vollkornweckmehl zum Ausstreuen der Form

Kartoffeln mit der Schale 30 Minuten kochen. Abpellen und durchpressen. Kartoffeln, Grieß, Eier, Milch und geriebenen Käse verrühren. Kräuter und Pilze untermischen. Mit Pfeffer und Muskat würzen. Eine Wasserbad–Puddingform gut ausfetten und mit Semmelbröseln ausstreuen. Puddingmasse einfüllen und die Form schließen. In kochendes Wasser stellen – die Form soll zu zwei Drittel im Wasser stehen – und bei mittlerer Hitze etwa 70 Minuten kochen. Dann den Pudding noch weitere 15 Minuten im Wasserbad stehen lassen. Den Pudding am Rand mit einem Messer lösen, auf eine Platte stürzen. Zubereitungszeit: 2 Stunden 15 Minuten.
Tomatensoße wie bei Hirseklößen dazu reichen.

Hahnenkammkartoffeln

8 große Kartoffeln
2 Teel. kaltgepreßtes Öl
300 g Rahmfrischkäse
1 Teel. Paprika, edelsüß
Vollmeersalz
etwas feingehackte Petersilie
1 Eßl. feingeh. Zwiebel

Die Kartoffeln gut waschen, abtrocknen, halbieren (nicht schälen!). Die Schnittflächen mit Öl bestreichen und damit dicht an dicht auf ein Backblech setzen. Das Blech in den vorgeheizten Backofen schieben und die Kartoffeln bei 250 Grad in ca. 45 Minuten goldbraun werden lassen. Den Rahmfrischkäse mit einer Gabel zerdrücken, mit Edelsüßpaprika, Zwiebel, Vollmeersalz würzen. Die fertigen Kartoffeln auf eine vorgewärmte Platte setzen und jeder mit dem Spritzbeutel einen hübschen "Hahnenkamm" aus Rahmfrischkäse aufsetzen.

Zum Bild auf Seite 95: Vegetarische Maultaschen (S. 89) dürfen auf keinen Fall in der schwäbischen Vollwertküche fehlen.

Hirseauflauf

30 g Butter
1 Zwiebel
200 g Hirse
1/2 l Gemüsebrühe
1 Teel. Hefewürze
Lorbeerblatt
Vollmeersalz, Pfeffer
300 g Erbsen (tiefgekühlt)
2 Eier
5 EßI. Milch
Muskat, Pfeffer
Vollmeersalz
75 g gerieb. Käse

In Butter die geschnittene Zwiebel und die gewaschene Hirse kurz andünsten. Mit heißer Flüssigkeit auffüllen, mit Hefewürze, Pfeffer, Vollmeersalz abschmekken und zusammen mit dem Lorbeerblatt ca. 15 Min. kochen (bei kleiner Flamme und geschlossenem Dekkel), Hirse mit Erbsen vermengen. In eine gefettete Auflaufform geben. Eier, Milch und die Gewürze verquirlen und über die Gemüsehirse geben, dann mit Käse bestreuen. Bei 200 bis 220 Grad (Stufe 3–4) ca. 15 Minuten überbacken.

Taschnudeln

1 kg Kartoffeln
1 Ei
100 g Vollkornmehl
Vollmeersalz
geriebene Muskatnuß
1/8 l Milch
70 g Butter
Süß:
Löffel Honig, Apfelmus, pürierte Erdbeeren.
Auch für die pikante Beilage

Die in der Schale gekochten Kartoffeln noch heiß schälen und sofort durch einen Durchschlag drücken, den Kartoffelbrei auskühlen lassen. Die Eier verquirlen und zusammen mit dem Vollkornmehl und den Gewürzen in die Kartoffelmasse geben, gut vermengen. Den Teig sofort zu kleinfingerdicken, kurzen Röllchen formen und diese in eine gut ausgefettete Auflaufform geben. Im vorgeheizten Ofen goldgelb backen. Zum Schluß die kochend heiße Milch über die Nudeln geben; wenn diese aufgesogen ist, die Nudeln portionsweise herausschneiden. Butterflocken darüber geben.

Zum Bild auf Seite 96: Hirse stand in unseren Breitengraden vor ca. 500 Jahren auf dem täglichen Speisezettel. Auch heute paßt sie ausgezeichnet als Hirseauflauf mit Äpfeln (S. 69) auf unseren Tisch.

Hirseküchle

250 g Hirse
1/2 l Gemüsebrühe
oder Wasser mit Cenovis-Gemüsebrühwürfel
gehackte Petersilie und Schnittlauch
125 g Quark
Vollmeersalz, Pfeffer
Muskat,
Vollkornweckmehl
Diäsan zum Ausbacken

Hirse in Gemüsebrühe mit Vollmeersalz, Pfeffer und Muskat eine viertel Stunde leicht kochen und etwa 10 – 15 Min. leicht quellen lassen. Der abgekühlten Hirsemasse gibt man den Quark und die Kräuter hinzu. Gegebenenfalls nochmals nachwürzen. Bratlinge formen, in Vollkornmehl wenden und in heißem Diäsan beidseitig knusprig anbraten.

Sellerieschnitzel

2 Sellerieknollen (ca. 800 g)
etwas Pfeffer
etwas Vollmeersalz
1 Ei
Vollkornsemmelbrösel
50 g Diäsan

Die Sellerieknollen waschen und ca. 40 Minuten in leichtem Salzwasser kochen. Nach dem Abkühlen schälen. 8 Scheiben daraus schneiden. In dem mit Gewürzen verquirlten Ei und den Vollkornsemmelbröseln wenden. Die Panade gut festdrücken und in Diäsan von beiden Seiten goldfarben knusprig braten.

Gebackene Lauchstangen

4 Lauchstangen
1 Ei
Vollmeersalz
Pfeffer
Muskat
100 g Vollkornsemmelbrösel–Weckmehl
Diäsan zum Ausbacken
1 Teel. Frugola

Die Lauchstangen waschen. In Wasser mit Frugola 5 Minuten dünsten, abtropfen.
Das Ei aufschlagen, würzen mit Vollmeersalz, Pfeffer und Muskat. Lauchstangen darin wenden, anschließend in Weckmehl. In Diäsan ausbacken. Mit Kräutermayonnaise servieren.

Hirseknöpfle

3/4 l Wasser
1 Teel. Vollmeersalz
etwas Muskat
300 g Hirse
1 mittelgroße Zwiebel
gehackte Petersilie
und Schnittlauch
etwas Majoran
70 g Butter
100 g Weizenvollkornmehl
2 Eier
5 Tomaten
3 rote Paprikaschoten
1 Knoblauchzehe
etwas Paprikapulver
schwarzer Pfeffer
sowie Vollmeersalz

Wasser mit Vollmeersalz zum Kochen bringen. Hirse darin 20 bis 30 Minuten bei geringer Hitze ausquellen lassen. Zwiebel schälen und würfeln. Petersilie und Schnittlauch waschen und fein hacken. Zwiebel im erhitzten Fett andünsten. Den Hirsebrei und das Vollkornmehl zugeben, verrühren und den Teig 20 Min. bei geringer Hitze kochen lassen. Zwischendurch umrühren. Teig etwas abkühlen lassen und dann Eier und Kräuter unterrühren. Aus dem Teig Klöße formen und in zwei Liter kochendem Wasser ca. 20 Min. garziehen lassen.
Tomaten häuten, Paprikaschoten putzen, waschen, Knoblauch schälen und alles mit dem Mixer pürieren. In einem Topf erhitzen und mit Paprikapulver, Pfeffer und Vollmeersalz abschmecken. Die Soße zu den Hirseklößen reichen.

Hindelanger Hirseküchle

200 g Hirse
3/4 l Wasser
2 Eßl. Bio–Gemüsebrühe
1 kl. Stange Lauch
100 g Quark
100 g gerieb. Emmentaler
Vollmeersalz
Muskat
Pfeffer
Vollkornweckmehl
Diäsan

Wasser mit Bio–Gemüsebrühe und den in Streifen geschnittenen Lauch aufkochen, Hirse zugeben, 10 Min. kochen lassen, noch 10 – 15 Min. nachquellen lassen. Den Hirsebrei leicht abkühlen lassen. Quark und Reibkäse dazugeben, mit den Gewürzen abschmecken. Küchle formen, in Vollkornweckmehl wenden. 15 Min. kühl stellen. Dann in Diäsan beidseitig braten.

Käse–Zwiebelwähe

300 g Weizen
40 g Hefe
1 Teel. Honig
knapp 1/8 l lauwarme Milch
1 Ei
1 Prise Vollmeersalz
40 g Butter
30 g Butter für das Backblech
Hefeteigzubereitung wie bei Zwiebelkuchen (S. 113)

Füllung:
50 g Butter
500 g Zwiebeln
400 g Reibkäse
4 Eigelb
1/8 l Rahm (süße Sahne)
Vollmeersalz, Pfeffer,
Hauch Muskat, Estragon,
Petersilie, Oregano

Zwiebeln halbiert in Streifen geschnitten in Butter 10 Minuten dünsten. Von der Flamme nehmen, Reibkäse zugeben, mit Gewürzen abschmecken und mit verquirltem Eigelb und Rahm legieren. Ein wenig abgekühlt auf den Teig geben und bei 175 Grad goldfarben backen.

Gratinierter Fenchel

4 mittlere Fenchelknollen
Tomatensoße
100 g geriebener Emmentaler

Fenchel von den Außenblättern befreien und waschen. Das Fenchelgrün fein hacken. Die Fenchel halbieren und 10 Minuten in wenig Wasser dünsten.
Fenchel in eine Auflaufform legen. Mit Tomatensoße übergießen. Mit Käse bestreuen.
Im vorgeheizten Rohr bei 180 Grad etwa 20 Minuten gratinieren. Mit dem feingehackten Fenchelgrün bestreuen.

Grünkernküchle "Schwäbische Alb"

250 g frisch geschroteten Grünkern
1/2 l Wasser
2 Eßl. Bio-Gemüsebrühe
2 Teel. Majoran
2 Lorbeerblätter
2 Teel. geh. Petersilie
Vollmeersalz
Pfeffer
2 Eier
70 g gemahlene Haselnüsse
1 mittelgr. Apfel
4 Scheiben Emmentaler
1 Eßl. Butter
Diäsan zum Ausbacken

Wasser mit Bio-Gemüsebrühe und Lorbeerblättern aufkochen. Grünkernschrot einrühren und aufkochen, 10 Min. quellen lassen.

10 Min. abkühlen lassen, Lorbeerblätter entfernen. Eier unterrühren, mit den Gewürzen abschmecken. 4 Küchle formen, in Haselnüssen wenden, 30 Min. kühl stellen, dann beidseitig ausbacken. Währenddessen den Apfel ausstechen, in 4 Scheiben schneiden, diese in Butter etwa 5 Min. anbraten.

Grünkernküchle auf eine Platte legen, angedämpfte Apfelscheiben, dann Käsescheibe darauf legen.

Im vorgewärmten Rohr noch kurz gratinieren, bis der Käse geschmolzen ist. Mit Salaten servieren.

Feine Käsewecken

225 g Weizenvollkornmehl
1/2 Teel. Kräutersalz
50 g Butter
150 g geriebener Emmentaler
1/8 l Milch
1 Ei
2 gehäufte Teel. Weinstein-Backpulver
Senfpulver

Vollkornmehl, Backpulver, Vollmeersalz und Senfpulver auf dem Backbrett mischen, die Butter in Stücken daraufgeben und alles gut durchhacken. Dann 100 g Emmentaler untermengen, die Milch (ca. 2 Eßl. zurücklassen) mit dem Ei verschlagen, dazugeben und alles zu einem glatten Teig verkneten. Aus dem Teig 8 gleich große Kugeln formen und als Ring auf einem leicht gefetteten und bemehlten Springformboden aneinandersetzen, dabei die aneinanderstoßenden Seiten mit Milch bepinseln. Die Ringoberfläche mit Milch bepinseln und mit dem restlichen Käse bestreuen. Etwa 30 Minuten bei 200 Grad backen. Der Ring wird lauwarm aufgeschnitten und mit Butter bestrichen serviert.

Feine Wähe

Zutaten Teig:
225 g Weizenvollkornmehl
1/2 Teel. Kräutersalz
1 Eßl. gemischte Kräuter
(Majoran, Petersilie, Liebstöckel)
125 g Butter
1 Eigelb
3 Eßl. Wasser

Füllung:
100 g Pfifferlinge
2 Zwiebeln
200 g Quark
3 Eier
1/8 l Rahm (süße Sahne)
etwas Vollmeersalz, Pfeffer
und Paprika nach Geschmack

Vollkornmehl, Vollmeersalz und Kräuter auf dem Backbrett mischen. Butter in Stücken daraufgeben und alles gut durchhacken. Eigelb und Wasser verrühren, dazugeben und alles zu einem glatten Teig verkneten. Ein rechteckiges Backblech mit dem Teig auslegen. Mit einer Gabel den Boden ein paar Mal einstechen. Für die Füllung die feingewürfelten Pfifferlinge mit der gehackten Zwiebel leicht anbraten und abgekühlt auf dem Teigboden verteilen. Quark, Eier, Rahm, Vollmeersalz und Pfeffer verrühren und darüber geben. Im Backofen ca. 20 Minuten bei 225 Grad und dann noch 15 Minuten bei 175 Grad abbacken.

Gaisburger Marsch

1/2 Grundrezept Spätzle (S. 112)
2 mittelgroße Zwiebeln
2 Eßl. Butter
150 g Sellerie
150 g gelbe Rüben (Karotten)
500 g Kartoffeln
1 Staude Lauch
1 1/2 – 2 l Gemüsebrühe – Cenovis
Gemüsebrühwürfel
Vollmeersalz
Muskat
Pfeffer
gehackte Petersilie
und Liebstöckel
8 Sojawürstchen "Frankfurter Art"

Kartoffeln, Sellerie und gelbe Rüben schälen und in gleichmäßige Würfel schneiden. Lauch in Scheiben schneiden. In der Gemüsebrühe garziehen. Unterdessen die Spätzle zubereiten. Kurz vor dem Servieren die in Scheiben geschnittenen Sojawürstchen und Spätzle dazugeben. Zwiebel in Scheiben schneiden, in Butter andünsten, über den Eintopf geben sowie mit Petersilie und Liebstöckel bestreuen und auftragen.

Wirsingwickel mit Pfifferlingen

2 Köpfe Wirsing
Vollmeersalz
200 g Zwiebeln
100 g gelbe Rüben (Karotten)
50 g Sellerie
20 g Butter
50 g Naturreis Langkorn
1/4 l Wasser
weißer Pfeffer aus der Mühle
500 g Pfifferlinge
1 Bund Schnittlauch
2 Eier
40 g Butter
1/8 l Rahm (süße Sahne)

Von den Wirsingköpfen die äußeren, dunkelgrünen Blätter entfernen und nicht mit verwenden. Von jedem Kopf vorsichtig vier große Blätter lösen und die Stengelrippen flach schneiden. Den Rest der Köpfe längs vierteln, die Strünke herausschneiden. Die Kohlviertel quer in sehr feine Streifen schneiden und beiseite stellen. Die großen Blätter in kochendem Salzwasser einzeln etwa 15 Sekunden blanchieren und zum Abtropfen auf Küchenpapier legen.

Für die Füllung die Zwiebeln pellen. Gelbe Rüben und Sellerie putzen und waschen. Alle Gemüse in sehr feine Würfel schneiden. Die Zwiebelwürfel in Butter anbraten, dann den Reis dazurühren. Gelbe Rüben und Sellerie zugeben und Wasser angießen. Mit Vollmeersalz und Pfeffer würzen, dann bei milder Hitze mit aufgelegtem Deckel 10 Minuten dünsten. Inzwischen die Pfifferlinge (falls nötig) putzen und kurz waschen, etwa 100 g davon zum Reis geben und 3 Minuten mitdünsten. Die Knoblauchzehe pellen und zerdrücken, den Schnittlauch fein schneiden. Beides zum Reis geben und noch einmal abschmecken, dann abgekühlt mit den verquirlten Eiern mischen. Die Füllung portionsweise auf die Kohlblätter häufen und die Blätter zusammenrollen. Die Butter in einer großen Pfanne heiß werden lassen und die Rollen darin von beiden Seiten kräftig anbraten. Die Rollen in einen Topf legen. Im Bratfett kurz den restlichen Kohl durchschmoren, dann mit den restlichen Pfifferlingen mischen, mit Salz und Pfeffer würzen und über die Rollen geben. Zugedeckt 25 bis 30 Minuten garen, dabei nach und nach den Rahm angießen. Die Rollen ab und zu vorsichtig anheben, damit sie nicht festschmoren, etwas mehr Rahm zugießen. Die Rollen auf einer vorgewärmten Platte anrichten, das Pfifferling-Kohl-Gemüse rundherum geben.

Zwiebelauflauf

1 kg Zwiebeln
750 g Kartoffeln
20 g Butter
1/4 l Gemüsebrühe–Cenovis
Vollmeersalz
Muskat
Paprika
1 Becher saure Sahne
3 Eier
1 Eßl. Weizenvollkornmehl
8 Soja–Würstchen
"Frankfurter Art"

Zwiebeln schälen, in Ringe schneiden. Kartoffeln pellen und in dünne Scheiben schneiden. Die Kartoffeln in eine gefettete Auflaufform geben, leicht salzen. Darauf erst die Hälfte der Zwiebeln und dann die Hälfte der Sojawürstchenscheiben legen. Mit den restlichen Zwiebeln bedecken. Die restlichen Wurstscheiben rundherum an den Rand der Form und in die Mitte legen. Die Brühe darübergießen. Saure Sahne mit Eiern, Weizenvollkornmehl und Muskat verquirlen. Eier-Sahne über den Auflauf gießen. Die Form mit Alufolie abdecken und in den Backofen schieben. Ofen auf 200 Grad schalten und den Zwiebelauflauf ungefähr 1 1/2 Std. backen. In den letzten 20 Min. ohne Folie garen lassen.

Reichenauer Zwiebelkuchen

Brotteig:
300 g Roggenvollkornmehl
150 g Weizenvollkornmehl
2 Teel. Kräutersalz
1/4 l Milch
40 g Hefe
20 g Butter zum Ausfetten
der Form

Belag:
4 Eier
1/8 l Rahm (süße Sahne)
400 g in feine Würfel
geschn. Zwiebeln
1 Eßl. Kümmel
Vollmeersalz, Paprika
Muskat, Petersilie
nach Geschmack

Aus den Brotteigzutaten einen Hefeteig herstellen. Mit dem gut gegangenen Brotteig eine leicht gebutterte Form auslegen, den Rand erhöhen. Eier werden mit Rahm verquirlt, abgeschmeckt mit Vollmeersalz, gehackter Petersilie, Kümmel, Paprika und Muskat. Die gehackten Zwiebeln der Masse zufügen und auf dem Brotteig verteilen.
Backzeit ca. 1/2 Stunde bei 200 Grad.
Dieser Kuchen kann auch mit Äpfeln anstatt Zwiebeln gemacht werden. In diesem Falle werden 400 g Äpfel feingeraspelt, die Eier–Sahne mit Honig und Zimt abgeschmeckt.

Wurschtelauflauf Wangener Art

250 g Tartex,
vegetabile Kräuterpaste
1 kg Pellkartoffeln
500 g Tomaten
1 EßI. Majoran
3 Eier
1/8 l Milch
Vollmeersalz
Muskat und weißer Pfeffer
nach Belieben
1 EßI. Butter
250 g geriebener Gouda

Tomaten werden enthäutet und in Scheiben geschnitten. Pellkartoffeln schälen und ebenfalls in Scheiben schneiden. Milch mit den Eiern, den Gewürzen und dem Reibkäse verquirlen. In eine ausgebutterte Auflaufform geben wir lagenweise Kartoffelscheiben, Tomatenscheiben und verteilen die Tartexpaste flockenweise, übergießen den Auflauf mit der Eier–Käsemilch und backen ihn im vorgeheizten Rohr ca. 45 Minuten bei 175 Grad.

Tomaten–Kartoffelauflauf

1,5 kg Kartoffeln
1 kg Tomaten
60 g Butter
Basilikum, Oregano
frischer Schnittlauch
Vollmeersalz, Pfeffer
150 g Gouda–Käse

Kartoffeln waschen und garen. Die abgekühlten Pellkartoffeln schälen und in Scheiben schneiden, ebenso die gewaschenen Tomaten. In eine flache, ausgebutterte feuerfeste Form schuppenförmig in zwei Lagen einschichten. Schichtweise mit Kräutern und Gewürzen bestreuen. Mit geriebenem Gouda bestreuen, Butterflocken obenauf setzen. Backzeit 20 Minuten bei 200 Grad.

Käseauflauf mit Tomaten

50 g Vollkornmehl
100 g zerlassene Butter
1/4 l Milch
200 g gerieb. Käse
Vollmeersalz, Pfeffer, Muskat
ca. 6 mittelgroße Tomaten
4 Eigelb
4 Eiweiß

Vollkornmehl und zerlassene Butter in 1/4 l Milch aufkochen, abseits vom Herd den Reibkäse und 4 Eigelb untermischen. Nach Geschmack würzen, sodann Eischnee von 4 Eiweiß unterziehen, in gut ausgebutterte Form füllen, die mit den in Scheiben geschnittenen Tomaten ausgelegt wurde. Bei 200 Grad ca. 40 Minuten backen.

Edelpilzkäseauflauf

60 g Butter
1/4 l Milch
30 g Weizenvollkornmehl
Kräutersalz, Muskat
Pfeffer nach Belieben
100 g Edelpilzkäse
50 g grob gehackte Walnußkerne
4 Eier
Butter und wenig Streumehl für die Form

Die Hälfte der Butter schmelzen lassen, das Vollkornmehl darin unter Rühren hell anschwitzen, nach und nach die Milch unterrühren. Das Ganze unter ständigem Schlagen zum Kochen bringen, bis die Bechamelsoße dickt. Mit wenig Vollmeersalz, etwas Pfeffer und Muskatnuß würzen. Von der Kochstelle nehmen und den fein zerdrückten Edelpilzkäse, die Nüsse, die Eier sowie die restliche zerlassene Butter zufügen und gut verrühren. Die Eiweiß mit einer Prise Vollmeersalz steifschlagen und vorsichtig unter die Soße heben. Die Masse in eine größere, gebutterte und mit Mehl ausgestreute Auflaufform füllen (bis zu 3/4 der Form, um Überlaufen zu vermeiden) und im vorgeheizten Backofen bei 175 – 200 Grad 30 – 40 Min. backen. Nach dem Herausnehmen sofort servieren.

Käseauflauf "Isny"

1/4 l Wasser oder Milch
60 g Butter
1/2 Teel. Vollmeersalz
1/2 Teel. Pfeffer
1 Teel. Paprika
1 Teel. Backpulver
200 g Vollkornmehl
6 Eier
200 g Pfifferlinge oder
Steinpilze in der Dose
   (bei frischen Pilzen, geschnitten
   kurz in Butter andämpfen)
3 in Würfel geschn. Tomaten
300 g gerieb. Emmentaler

Wasser oder Milch mit den Gewürzen zum Kochen bringen. Gemisch aus Vollkornmehl und Backpulver hinzugeben, zu einem Kloß abkochen, von der Flamme nehmen und nach und nach Eier, Tomatenwürfel, Pilze und Reibkäse unterrühren. Alles in eine gebutterte feuerfeste Form füllen, mit Butterflocken versehen und bei 175 Grad ca. 1 Stunde backen.

Kräuterspätzle

Grundrezept Spätzle (S. 112)
3 EBl. feingehackte Petersilie
1 EBl. feingehackter Kerbel
2 EBl. feingeschnittener Schnittlauch

Mit dem Grundrezept die Kräuter vermengen. Es ist ratsam die Spätzle vom Brett zu schaben oder den Spätzlehobel zu verwenden. Die Spätzle können sowohl als Käsespätzle weiterverarbeitet werden wie auch als Beilage zu Steinpilzen in Rahmsoße.

Krautspätzle

Grundrezept Spätzle (S. 112)
300 g gekochtes Sauerkraut
Pfeffer und Kümmel

Sauerkraut wird in einer Pfanne erhitzt, die abgekühlten Spätzle dazugeben, leicht anrösten, mit Pfeffer und Kümmel würzen. Ebenfalls gebräunte Zwiebeln darüber geben.

Grüne Krapfen

Nudelteig:
250 g feingemahlenes Weizenvollkornmehl
2 Eier
1 Teel. Vollmeersalz
etwa 4 EBl. Wasser, falls nötig
Füllung:
5 Vollkornbrötchen
Zwiebelröhrle (Schnattern)
Petersilie, Schnittlauch,
Maggikraut
Butter
1 Eiklar

Die Hälfte des Vollkornmehles mit den Eiern und Vollmeersalz gut vermengen. Nach und nach das restliche Vollkornmehl hinzufügen. Es muß ein nicht mehr klebender, doch geschmeidiger Teig sein. Eventuell noch etwas Wasser beigeben, tüchtig kneten.
Gleich auf einer bemehlten Arbeitsfläche dünn auswalgen. Man schneidet Quadrate von 12 x 12 cm. Nun fertigt man die Füllung aus den in Würfel geschnittenen Vollkornbrötchen. Sie werden in Butter goldbraun geröstet. Vermengt mit dem kleingeschnittenen Grünzeug, gewürzt mit Vollmeersalz und Pfeffer. Auf jedes Teigstück kommt nun 1 EBl. dieser Masse. Die Ränder werden mit Eiweiß bestrichen, und man faltet den Teig übereck, so daß ein gefülltes Dreieck entsteht. Die Ränder mit dem Finger festdrücken. Nun geben wir die Kräpfle in reichlich kochendes Salzwasser, lassen sie etwa 5 Minuten ziehen, wobei man sie einmal wendet. Vorsichtig herausnehmen und sofort in Gemüsebrühe zu Tisch bringen.

Spinat–Quark–Knöpfle

200 g Tiefkühlspinat
125 g Quark
1 Ei
3 EßI. Weizenvollkornmehl
50 g Reibkäse
Vollmeersalz, Muskat, Pfeffer
2 Zwiebeln
gehackter Schnittlauch
40 g Butter

Tiefkühlspinat auftauen lassen. Mit dem Quark, dem Ei und den Gewürzen sowie dem Vollkornmehl und dem Käse glattrühren. Inzwischen leichtes Salzwasser zum Sieden bringen, darin Klößchen aus dem Spinat–Teig ca. 10 Minuten lang garen – sie dürfen nicht kochen, nur ziehen! Zwischenzeitlich werden die in Scheiben oder grobe Würfel geschnittenen Zwiebeln in Butter mit Paprika braungeschmälzt und über die Spinat-knöpfle gegeben. Mit Schnittlauch bestreuen. Dazu Salat reichen.

Schupfnudeln auf Fildersauerkraut

500 g Pellkartoffeln
2 Eier
6 EßI. Wasser oder Milch
100 g Vollkornmehl
Vollmeersalz
Muskat
1 kg Sauerkraut, gekocht
300 g Zwiebeln

Die in der Schale gekochten Kartoffeln schälen, erkalten lassen und reiben. Mit allen genannten Zutaten zu einem festen Teig verarbeiten. Nußgroße Stücke abstechen und diese auf einem bemehlten Brett zu Nudeln rollen. In Salzwasser kochen, bis sie schwimmen. Mit der Schaumkelle herausheben, gut abtropfen lassen und lagenweise mit gekochtem Sauerkraut anrichten, die oberste Schicht sollte aus Schupfnudeln bestehen. Man "schmälzt" mit in Butter gedämpften, mit Majoran gewürzten Zwiebeln.

Zum Bild auf Seite 109: Der Zwetschgen–Auflauf (S. 75) kann auch mit entsteinten Kirschen zubereitet werden.

Kartoffelnudeln

1 kg Kartoffeln
300 g Vollkornmehl
2 Eier
Pfeffer
70 g Butter
200 g geriebener Lindenberger–Emmentaler
Zwiebelschmälze
etwas Petersilie

Pellkartoffeln schälen, sogleich noch heiß durch die Kartoffelpresse drücken, mit Eiern, Vollkornmehl, Vollmeersalz, Pfeffer, Petersilie vermengen. Fingerdicke Rollen formen, im Salzwasser kurz aufkochen lassen, abseihen.
In einer Auflaufform in Butter schwenken, mit Käse bestreuen und Zwiebelschmälze darübergeben.

Dinkelklößchen

300 g Dinkel
1/8 l Wasser
2 Eier – getrennt
125 g Magerquark
Kräutersalz
Delikata
Endoferm
2 Eßl. gehackte Petersilie

Den fein gemahlenen Dinkel mit Wasser, Eigelben und Quark vermengen. Pikant würzen mit Kräutersalz, Delikata, Endoferm und Petersilie. Die Teigmasse 15 Min. quellen lassen, dann den steifgeschlagenen Eischnee unterheben. Mit einem Eßlöffel Klößchen formen und in kochendes Salzwasser geben. 10 bis 15 Min. ziehen lassen. Diese Klößchen können auch aus Gerste und Hafer zubereitet werden.
Am besten reicht man zu den Dinkelklößchen eine Tomatensoße, auch eignen sich zerlassene Butter und reichlich frische Kräuter.

Zum Bild auf Seite 110: Eine besondere Variante der schwäbischen Strudel – der Krautstrudel (S. 113)

Spätzle

500 g Weizenvollkornmehl
Vollmeersalz
Muskat
4 – 5 Eier
knapp 1/4 l Wasser
reichlich kochendes Salzwasser

Das sehr fein gemahlene Vollkornmehl mit Vollmeersalz, Muskat, den Eiern und etwas Wasser verrühren. Mit dem Kochlöffel kräftig durchschlagen, bis sich Blasen bilden. Gegebenenfalls noch etwas Wasser zugeben. Der Teig muß eine feste Konsistenz haben. Mit dem Spätzlehobel ins kochende Salzwasser hobeln, ab und zu umrühren, sonst kleben sie zusammen. Aufkochen lassen, mit Schaum- bzw. Sieblöffel herausnehmen und mit kaltem Wasser abschrecken. Gibt man die Spätzle als Beilage, in einer Pfanne mit Butter schwenken und zu Tisch bringen.

Apfelspätzle – Apfelspatzen

Grundrezept (s.o.)
5 Äpfel
Zitronensaft
1 Eßl. Honig
Zimt
Delifrut
30 g Butter

Spätzle nach Rezept s.o. 5 Äpfel werden vom Kerngehäuse befreit, fein geraspelt. Beträufelt mit etwas Zitronensaft. 1 Eßl. Honig dazugeben, vermengen. Dann werden die Äpfelraspel mit 30 g Butter angedämpft, würzen mit Zimt und Delifrut. Spätzle dazugeben, vermengen und sogleich servieren.

Käsespätzle

Grundrezept (s.o.)
300 g Reibkäse, Emmentaler
50 g Butter
2 große Zwiebeln
Paprika

Spätzle wie Rezept (s.o.) zubereiten. Nach dem Aufkochen die Spätzle herausnehmen und gut abtropfen lassen. In eine Porzellanschüssel geben, schichtweise Reibkäse dazugeben, vermengen, evtl. nachwürzen. Butterflocken obenauf. Zugedeckt ca. 2-3 Min. stehen lassen. Nun gibt man die in Butter angedünsteten Zwiebelscheiben mit Paprika gewürzt auf die Käsespätzle und serviert.

Schwäbischer Zwiebelkuchen (Abbildung: Titelbild)

Teig:
200 g Weizen
100 g Roggen
40 g Hefe
1 Teel. Honig
1/8 l Milch – lauwarm
1 Ei
1 Prise Vollmeersalz
40 g Butter
30 g Butter für das Backblech

500 g Zwiebeln
4 Eigelb
1/8 l Rahm (süße Sahne)
50 g Butter
Kräutersalz, Kümmel,
Pfeffer, Paprika

Das frischgemahlene Vollkornmehl in eine Schüssel geben, eine Mulde eindrücken, Hefe mit 3 Eßl. Milch und Honig darin auflösen, mit etwas Vollkornmehl einen Vorteig anrühren. Zugedeckt 15 Minuten gehen lassen.

Dann die restliche Milch, das Ei, Butter und Vollmeersalz zugeben, rasch zu einem Teig kneten. Zudecken, 1/2 Stunde gehen lassen. Dann auf einem ausgefetteten Backblech auswalgen.

Zwiebeln halbiert, in feine Scheiben geschnitten, in Butter weichdünsten ca. 10 Minuten, abschmecken, von der Flamme nehmen. Eigelb und Rahm verquirlen und die Zwiebelmasse legieren. Abkühlen lassen, auf den Hefeteig gleichmäßig verteilen, glattstreichen, bei 175 Grad goldbraun backen. Schmeckt am besten, wenn er gleich heiß serviert wird.

Variante:
Mit 500 g geriebenem Käse bestreuen.

Krautstrudel (Abbildung: S. 110)

Strudelteig nach Grundrezept (S. 160)
1,2 kg feingehobeltes Weißkraut
1 große feingeh. Zwiebel
Vollmeersalz
Pfeffer
Kümmel
Majoran nach Belieben
80 g Butter

Das feingehobelte Weißkraut mit der Zwiebel mit wenig Wasser ca. 20 Min. garen und abschmecken. Abkühlen lassen. Auf den dünn ausgewalgten Strudelteig verteilen und zusammenrollen. Den Krautstrudel auf ein gefettetes Backblech legen. Mit zerlassener Butter bestreichen. Während des Backens wird der Strudel noch 2 – 3 mal mit Butter bestrichen. Garzeit bei 200 Grad etwa 40 Minuten.

Gemüseküchle

300 g Pellkartoffeln
100 g gelbe Rüben (Karotten)
100 g Sellerie
gehackte Petersilie
1 Teel. Majoran
2 Eigelb
1 – 3 Eßl. Weizenvollkornmehl
Vollmeersalz
Muskat nach Geschmack
etwa 70 g Haselnüsse
Diäsan zum Ausbacken

Kartoffeln werden geschält, noch heiß durch den Spätzledrücker pressen. Gelbe Rüben und Sellerie fein raspeln und Eigelb dazugeben. Vollkornmehl untermengen. Mit Petersilie, Majoran, Vollmeersalz und Muskat abschmecken.
Bratlinge formen.
In den grob geriebenen Haselnüssen wenden und in Diäsan von beiden Seiten braten.

Hefeknöpfle

500 g Weizenvollkornmehl
1/4 l Milch
1 Teel. Vollmeersalz
60 g Butter
40 g Hefe
1 Ei
30 g Butter
5 Eßl. Vollkornmehl

Vollkornmehl in eine Schüssel geben, eine Mulde eindrücken, Hefe einbröseln, mit 5 Eßl. lauwarmer Milch einen Vorteig bereiten, leicht mit Vollkornmehl bestreuen. Mit einem Tuch zugedeckt 1/4 Std. an warmer Stelle gehen lassen. Restliche Zutaten beifügen, zu einem Teig verarbeiten. Nochmals 15 Min. zugedeckt gehen lassen. Nun aus dem vorhandenen Teig Knöpfle formen, abermals auf bemehltem Brett 5 – 10 Minuten ruhen lassen. In reichlich siedendem Salzwasser etwa 25 Min. garziehen. Aus Butter und Vollkornweckmehl eine Schmälze bereiten und die Hefeknöpfle vor dem Servieren abschmälzen. Sie passen besonders zu Sauerkraut, Linsen und Bohnen.

Steinpilze in Rahm

500 g Steinpilze
50 g Butter
1 Zwiebel
1 Teel. Vollmeersalz
1 EßL. Weizenvollkornmehl
1/4 l Rahm (süße Sahne)
1 EßL. Zitronensaft
1 EßL. gehackte Petersilie

Die Pilze putzen, kurz waschen und in kleine Stücke schneiden. Die Butter in einer Kasserolle erhitzen, die kleingehackte Zwiebel darin kurz anlaufen lassen, dann die Pilze und das Vollmeersalz zugeben und weichdünsten. Zum Schluß mit Vollkornmehl bestauben, Rahm, Zitronensaft und Petersilie daruntergeben und nochmals kurz durchkochen.
Mit Hefeknöpfle schmecken die Pilze besonders delikat.

Buchweizenküchle

1/2 l Wasser
2 EßL. Bio-Gemüsebrühe
2 Lorbeerblätter
2 EßL. feingeschn. Schnittlauch
1 kl. feingeh. Zwiebel
300 g Buchweizen, ganz
1 Ei
wenig Vitam R
Vollmeersalz, Paprika

Wasser mit Bio-Gemüsebrühe und den Lorbeerblättern zum Kochen bringen, Buchweizen zugeben, 15 Min. kochen lassen, etwa 10 Min. nachquellen lassen. Buchweizenmasse abkühlen lassen. Dann Gewürze, Schnittlauch und das Ei dazumengen, abschmecken. 4 Küchle formen, in Diäsan ausbacken.

Gedünsteter Weizen

400 g Weizen
1/2 l Gemüsebrühe
1 mittelgr. Zwiebel
50 g Butter
2 Lorbeerblätter
frische Kräuter
evtl. etwas Vollmeersalz
Pfeffer

400 g Weizen werden in 1/2 l Gemüsebrühe mit den Lorbeerblättern weichgekocht (ca. 40 Min.), dann abtropfen. Die Zwiebel feingehackt mit der Butter andämpfen, mit dem gegarten Weizen vermengen, frischen Kräutern z.B. Schnittlauch, Majoran, Petersilie usw., evtl. etwas Vollmeersalz und Pfeffer würzen.
Dieses Gericht eignet sich als Beilage für Gemüse oder Pilzgerichte. So können statt Weizen auch Gerste oder Roggen verwendet werden.

Kartoffelküchle

1 kg Kartoffeln
1 Ei
100 g Weizenvollkornmehl
1 kl. feingehackte Zwiebel
Petersilie, Schnittlauch
Vollmeersalz, Muskat,
Kümmel, Pfeffer
Diäsan zum Ausbacken
Vollkornweckmehl zum Wenden

Die gekochten Kartoffeln pellen und grob raspeln. Das Ei, Weizenvollkornmehl und Gewürze beifügen und rasch zu einer Masse kneten.
Nun mit angefeuchteten Händen 8 Küchle formen, in Vollkornweckmehl wenden und in heißem Diäsan beidseitig ausbacken. Dazu frische Salate reichen.

Bohneneintopf

700 g grüne Bohnen
5 Tomaten
4 rote Paprikaschoten
300 g Zwiebeln
50 g Butter
Vollmeersalz, Pfeffer,
Paprika, Frugola
Bohnenkraut, Petersilie
1 Knoblauchzehe

Zwiebeln in Scheiben schneiden, mit in Streifen geschnittenen Paprika und zerdrückter Knoblauchzehe in Butter andämpfen.
Die geputzten Brechbohnen halbweich in Salzwasser kochen. Mit der Brühe zum anderen Gemüse geben.
Zum Schluß die geviertelten, abgezogenen Tomaten sowie gehackte Petersilie, Bohnenkraut dazugeben. Mit den Gewürzen abschmecken und garschmoren.

Überbackener Blumenkohl

400 g Blumenkohl
Vollmeersalz
1/8 l Milch
1/8 l Blumenkohlsud
2 EBl. Vollkornmehl
Saft einer Zitrone
Vollmeersalz, Pfeffer, Muskat,
Frugola, Estragon
60 g Reibkäse

Den Blumenkohl waschen und in leichtem Salzwasser nicht zu weich garen. Aus Kochbrühe, Milch, Muskatnuß und dem Vollkornmehl eine weiße Soße kochen. Mit Zitronensaft und Gewürzen pikant abschmecken. Den Blumenkohl in eine feuerfeste Form schichten, die Soße übergießen. Dann mit dem Käse überstreuen. Das Ganze nun in der vorgeheizten Röhre rund 20 Minuten bei 175 Grad überbacken.

Dill–Rahm–Kartoffeln

1 kg Kartoffeln
3 Eßl. Butter
1 Eßl. Weizenvollkornmehl
1/8 l Gemüsebrühe
1/4 l Rahm (süße Sahne)
3 Eßl. gehackter, möglichst frischer Dill
Vollmeersalz, Muskat

Die geschälten Kartoffeln in Salzwasser garkochen und ablaufen lassen. Die Butter in einer Kasserolle erhitzen. Mehl zugeben und eine helle Mehlschwitze bereiten, die mit der Brühe abgelöscht wird. Ca. 5 Minuten kochen lassen und dann den Rahm zufügen. Zum Schluß die Gewürze zusetzen, alles nochmal ca. 4 – 5 Minuten kochen lassen und dann die Kartoffeln dazugeben. Nochmals erhitzen.

Kräuterkartoffeln

ca. 1 kg Kartoffeln
1 Teel. Kümmel
50 g Butter
1 feingehackte Zwiebel
1 Knoblauchzehe
Petersilie, Schnittlauch, Majoran
Basilikum, wenig Thymian
Vollmeersalz, Pfeffer

Kartoffeln werden in leichtem Salzwasser mit Kümmel gegart. Abschrecken, pellen und in kleine Würfel schneiden. Mit den gehackten Kräutern, Vollmeersalz und Pfeffer würzen. Butter in einer Pfanne zergehen lassen, Zwiebelwürfel andünsten, zerdrückte Knoblauchzehe zugeben. Diese Masse zu den Kartoffeln geben und vermengen.

Kartoffellaible

1 kg Kartoffeln
1 Ei
50 g Weizenvollkornmehl
50 g Butter
Vollmeersalz
Muskat
Majoran
Petersilie nach Geschmack

Kartoffeln gar kochen, pellen, durch den Spätzledrükker pressen. Die Kartoffelmasse mit den Gewürzen und Kräutern abschmecken. Auf einer bemehlten Arbeitsfläche eine Rolle formen und in 8 gleich große Stücke teilen.
In Butter beidseitig knusprig anbraten.

Kartoffelkrätzet (–schmarren)

400 g Kartoffeln
2 Eier
3 Eßl. Rahm (süße Sahne)
3 – 4 Eßl. Buchweizenmehl
1 Prise Vollmeersalz
2 Eßl. Honig
150 g Butter zum Backen

Kartoffeln kochen, pellen und erkalten lassen. Mit der feinen Raspel reiben. Mit den restlichen Zutaten zu einer sämigen Masse verarbeiten.
In einer Pfanne mit geschmälzter Butter "Flädle" ausbacken und mit einer Backschaufel in Stücke reißen. Mit rohem Beerenmus servieren.

Pilzküchle

1 kg Waldpilze
1 Zwiebel
Petersilie
20 g Butter
3 Vollkornwecken
1 Ei
Vollmeersalz, Pfeffer
Muskat nach Belieben
2 Eßl. grobe Haferflocken

Die gereinigten Pilze werden durch den Fleischwolf gedreht (grobe Scheibe), in Butter mit der feingehackten Zwiebel und Petersilie angedünstet. Abkühlen lassen. Mit den eingeweichten, ausgedrückten Vollkornwecken, Haferflocken, Ei und Gewürzen vermengen, Küchle formen und in Diäsan beidseitig braten.

Vollkornküchle

250 g versch. Getreidearten
(Weizen, Gerste, Roggen, Buchweizen)
reichlich 1/2 l Gemüsebrühe
Kräutersalz, Curry
Oregano, Basilikum
2 Eier
8 Scheiben Äpfel,
wenig Butter
8 Scheiben Emmentaler
Vollkornweckmehl
Diäsan zum Ausbacken

Das grob geschrotete Getreide in der Gemüsebrühe 10 Min. kochen und 15 Min. nachquellen lassen. Zu der abgekühlten Masse gibt man die Eier und Gewürze dazu. Gut vermengen und 8 Bratlinge formen, in Vollkornweckmehl wenden und in heißem Diäsan ausbakken.
Inzwischen kurz in Butter die Apfelscheiben anbraten. Die fertigen Vollkornküchle auf ein Backblech setzen, Apfelscheiben darauflegen und mit Emmentalerscheibe abdecken. Kurz gratinieren.

Feine Kartoffelnudeln (als Beilage)

3 mittelgroße Kartoffeln
250 g Vollkornmehl
2 – 3 Eier
1 Tasse Milch
50 g Butter
Vollmeersalz

In einer Teigschüssel Milch, Eier und die roh geriebenen Kartoffeln, das Vollkornmehl und etwas Vollmeersalz zu einem dicken Teig verrühren. In einem großen Topf Salzwasser zum Kochen bringen und den Teig auf ein Holzbrettchen streichen, daß Streifen für Streifen einlegen. Sobald die Kartoffelspätzle an der Oberfläche schwimmen, mit dem Schaumlöffel herausfischen, mit kaltem Wasser abspülen und abtropfen lassen. Sind alle Spätzle eingelegt, die Nudeln entweder im Fett knusprig braun braten oder nochmals für kurze Zeit ins siedend heiße Wasser geben, abgießen und in eine Schüssel geben. Mit geriebenem Käse bestreuen oder mit gebräuntem Paniermehl anrichten.

Brot–Käseauflauf

200 g frische Pfifferlinge
1 mittelgr. Zwiebel
4 Eßl. gem. Kräuter
(Petersilie, Schnittlauch, Dill)
6 Vollkornbrotscheiben
1/4 l Milch
2 Eßl. Butter
Vollmeersalz, Pfeffer
Paprika, edelsüß, nach Geschmack
300 g gerieb. Hartkäse

Die gereinigten Pfifferlinge werden feinblättrig geschnitten und mit der feingehackten Zwiebel in 1 Eßl. Butter angedünstet. Von der Flamme nehmen, die Küchenkräuter feingehackt untermengen. Das Vollkornbrot in Würfel schneiden. Milch wird mit Vollmeersalz, Pfeffer und Paprika verquirlt.
In eine ausgefetteten Auflaufform gibt man lagenweise Brotwürfel, Pfifferlinge und Reibkäse, nochmals eine Schicht Brotwürfel und Reibkäse, mit der gewürzten Milch übergießen und mit Butterflöckchen belegen.
Im vorgeheizten Backrohr bei 175 Grad ca. 50 Min. backen.

Überbackene Maislaible

500 g Maisgrieß
2 l Gemüsebrühe Cenovis
geh. Petersilie
etwas Estragon
400 g gerieb. Emmentaler
4 Eier
1/8 l Rahm (süße Sahne)
3 Eßl. Butter für die Form
und das Blech

Den Maisgrieß in die kochende Brühe einrieseln lassen und unter ständigem Rühren zu einem dicken Brei kochen. Diesen bei geringer Hitze ausquellen lassen. Dann die Butter und 100 g Käse daruntermengen. Die verschlagenen Eier unter die leicht abgekühlte Masse rühren. Diese 1 cm dick auf ein gebuttertes Blech streichen und erkalten lassen. Mit einem kleinen Glas Plätzchen (Gnocchi) ausstechen. Die Gnocchi in 1 – 2 gebutterte Auflaufformen schichten und den restlichen Käse dazwischenstreuen. Mit dem Rahm begießen und im vorgeheizten Ofen bei 225 Grad überbakken. Mit verschiedenen Salaten servieren.

Brenntar – Schwarz–Mus mit greschte Erdäpfel

2 l Wasser
200 g Hafermehl (Musmehl)
150 g geriebenen Emmentaler
100 g Butter
1/2 Zwiebel
4 gekochte Kartoffeln
Kümmel
Vollmeersalz

Das Musmehl in der Eisenpfanne unter ständigem Rühren dunkel bräunen, dann Wasser aufgießen und langsam quellen lassen, gleichzeitig den Käse unterrühren – nach 25 Minuten ist der Brenntar genügend aufgequollen; dann mit gebräunter Zwiebel abschmalzen. Nun die geschälten, gekochten Kartoffeln auf dem Rettichhobel zerkleinern, in die Röstpfanne geben, mit Butter gut rösten, würzen mit Vollmeersalz und Kümmel und auf den abgeschmalzten Brenntar geben.

Wirsing mit Sahnehaube (Abbildung: S. 123)

1 großer Wirsing, ca. 1,5 kg
1/4 l Wasser
1/2 l Rahm (süße Sahne)
2 Eigelb
Vollmeersalz, Pfeffer, Muskat, Paprika
2 Eßl. herber Weißwein
100 g geriebener Emmentaler

Den Wirsing putzen und waschen. Achteln und in Salzwasser 15 Minuten halbgar kochen. Inzwischen den Rahm steif schlagen. Das Eigelb unterziehen. Mit Vollmeersalz, Pfeffer, Muskat, Paprika und herbem Weißwein abschmecken. Den Käse zur Hälfte unter den Rahm mischen. Den Wirsing abtropfen lassen und auf einer vorgewärmten Platte anrichten. Käserahm darüber verteilen. Den restlichen Käse darüberstreuen. Unter dem Grill oder im Backofen bei 250 Grad überbacken (35 Minuten).

Helle Grundsoße

1/2 l Gemüsebrühe, evtl. mit Biogemüsebrühe oder Cenovis Gemüsebrühwürfel
50 g Weizenvollkornmehl

Gewürze:
Vollmeersalz
Pfeffer, Muskat
1 Teel. Zitronensaft
1 Schuß Weißwein
auch ein Schuß Tamari–Sojasoße paßt hervorragend
3 Eßl. Rahm (süße Sahne)

Gemüsebrühe zum Kochen bringen, Vollkornmehl einrühren, kurz aufkochen lassen und mit den angegebenen Gewürzen abschmecken.

Variationen

Kümmelsoße: 2 Eßl. Kümmel
Lauchsoße: 1 kleine Stange Lauch in Streifen geschnitten
Meerrettichsoße: 2 Eßl. frischen geriebenen Meerrettich
Tomatensoße: 3 Eßl. Tomatenmark
Käsesoße: 4 Eßl. geriebenen Emmentaler
Dillsoße: 2 Eßl. Dill, kleingeschnitten
Senfsoße: 2 Eßl. Senf

Die diversen Zutaten werden beim Abschmecken untergerührt, eventuell noch ein wenig köcheln lassen, z.B. Lauchsoße. Dann mit Rahm legieren und servieren.
Diese diversen Soßen reicht man z.B. zu gekochten Getreideklößen, auch zu Gemüsegerichten und Aufläufen.

Rahmzwiebeln

750 g kleine Zwiebeln
1/4 l Gemüsebrühe
50 g Butter
40 g Weizenvollkornmehl
1/4 l Rahm (süße Sahne)
2 Eigelb
1 gestrichener Teel. Vollmeersalz
Saft 1/2 Zitrone
1 Messerspitze Muskat
1 Messerspitze Pfeffer
1 gehäufter Eßl. Schnittlauch

Die Zwiebeln schälen, waschen und 10 bis 15 Minuten in Gemüsebrühe kochen. Dann herausnehmen und abtropfen lassen. Die Butter schmelzen, das Vollkornmehl zugeben und eine helle Mehlschwitze bereiten, die dann mit der Kochbrühe aufgegossen wird. 5 Minuten kochen lassen, dann den Rahm zugeben und zum Schluß das verquirlte Eigelb mit den Gewürzen. Jetzt kommen die Zwiebeln wieder hinein, und man läßt sie noch 5 bis 10 Minuten bei schwacher Hitze ziehen. Mit gehacktem Schnittlauch bestreuen.

Wirsingpastete

1 kg Wirsing
1 große Zwiebel
1/4 l Milch
100 g kernige Haferflocken
Vollmeersalz, Pfeffer,
Muskat, Kümmel
4 Eier
70 g Butter

50 g Butter zergehen lassen, feingeschnittene Zwiebel und in Streifen geschnittenen Wirsing etwa 15 Minuten dünsten. Würzen mit Vollmeersalz, Pfeffer, Muskat und Kümmel nach Belieben.
Lauwarme Milch über die Haferflocken geben, etwa 10 Minuten quellen lassen. Dann Eigelbe dazugeben, verquirlen und zum Wirsing geben, umrühren. Zum Schluß noch das steifgeschlagene Eiweiß unter die Masse heben.
In ausgefettete Form geben und 45 Minuten bei 200 Grad backen.

Zum Bild auf Seite 123: Wirsing mit Sahnehaube (S. 121) wird mit Käserahm überbacken.

Kleiner Imbiß

Für den kleinen Hunger bietet Schwaben Ihnen ein paar schnelle Rezepte, die leicht zuzubereiten sind, es aber trotzdem in sich haben.

Feiner Käsesalat (Abbildung S. 180)

300 g Gouda
1 grüne Paprikaschote
2 Bananen
1/2 Staudensellerie
150 g Pfifferlinge aus der Dose
125 g Bioghurt
Saft einer unbehandelten Zitrone
2 Eßl. Tomatenketchup
Brechts Kräutersalz
frisch gemahlenen schwarzen Pfeffer

Bananen geschält in Scheiben schneiden, mit Zitronensaft beträufeln. Staudensellerie und Paprika waschen und in Streifen schneiden. Goudakäse würfeln, ebenso Pfifferlinge kleinschneiden.
Salatsoße anrühren, mit den Zutaten vermengen.

Zum Bild auf Seite 124: Mit rohem Zwetschgenmus schmecken die Apfel–Rosinen–Knöpfle (S. 76) am besten.

Käsesalat

300 g Schafskäse
2 rote Zwiebeln
je 1/2 rote und grüne Paprikaschote
4 Tomaten
100 g frische Champignons
1 Dose Maiskörner

Für die Salatsoße:
10 Eßl. kaltgepeßtes Öl
6 Eßl. Essig
1 gestr. Teel. Salz
1 Prise Thymian
1 MS Pfeffer
1 Eßl. gehackte Petersilie u. Schnittlauch

Den Käse in grobe Stücke brechen. Die geschälten Zwiebeln in Ringe schneiden, die Paprikaschoten von Rippen und Kernen befreien und waschen, in Streifen schneiden. Die Tomaten halbieren, Kerne entfernen und die Hälften grob würfeln. Die Pilze säubern, Stiele etwas kürzen und in dünne Scheiben schneiden. Die Maiskörner abseihen.

Für die Soße alle Zutaten verrühren und zum Schluß Petersilie und Schnittlauch einrühren. Die Salatzutaten in eine große Schüssel geben, die Soße darübergeben, durchmengen und einige Zeit den Salat durchziehen lassen.

Schwangauer Gurke

1 grüne Gurke
2 Münsterkäse
Sauerrahm
1/2 Becher Bioghurt
5 Radieschen
Zitronensaft
Öl
Salz, Pfeffer
1 hartgekochtes Ei
geschrotete Pfefferkörner

Die Gurke heiß abbürsten und in dünne Scheiben schneiden, auf einer Platte schuppenartig auslegen; ganz wenig salzen und leicht pfeffern, etwas Sauerrahm überträufeln. Den Käse in dünne Streifen schneiden und mit dünnen Radieschenscheiben vermengen. Sauerrahm und Bioghurt mit etwas Zitronensaft und einigen Tropfen Öl verschlagen; vorsichtig salzen und wenig pfeffern, mit den Zutaten behutsam vermischen; alles auf die Mitte der Gurkenplatte häufen. Hartgekochtes Ei fein würfeln und mit einigen Gurkenscheiben garnieren, geschroteten oder grünen Pfeffer überstreuen.

Angemachter Käse

250 g Camembert
60 g Butter
150 g Doppelrahmfrischkäse
frische Kräuter nach Belieben
(Schnittlauch, Zitronenmelisse, Petersilie)
wenig Vollmeersalz und Pfeffer

Eher schwach gereiften Camembert fein zerdrücken, Butter und Frischkäse leicht schaumig schlagen und mit dem Camembert vermischen. Kräuter zugeben und leicht würzen.

Angemachter Bierkäse

200 g Romadur
60 g Butter
200 g Speisequark
1 Zwiebel – fein gehackt
Kümmel, Paprika

Den reifen, weichen Romadur grob zerdrücken, mit Butter und Quark gut vermischen und würzen; diese Mischung verträgt auch einen Hauch von Knoblauch.

Brunnenkressesalat "Illertal"

2 Handvoll Brunnenkresse
150 g milder Butterkäse
1/2 Becher saure Sahne
2 Teel. Zitronensaft
2 Teel. süßer Senf
Pfeffer,
etwas Vollmeersalz
1 MS Paprika
3 Eßl. gekeimter Dinkel

Brunnenkresse verlesen, grobe Stengel entfernen, gut waschen, abtropfen lassen. Käse in Stifte schneiden. Salatsoße aus saurer Sahne, Zitronensaft, Senf, Salz, Pfeffer und Paprika anrühren. Brunnenkresse und Käse in Schüssel anrichten, gekeimten Dinkel darüber streuen, Salatsoße übergießen.

Pfifferlingsalat

300 g Pfifferlinge aus der Dose
1 große Zwiebel
200 g Salatgurke
100 g Weizen
1 Knoblauchzehe
Vollmeersalz, Pfeffer
Obstessig
kaltgepreßtes Öl
Reformsenf
Würzkräuter: *frischer Schnittlauch*
Eischeiben gekocht
Petersilie
Estragon
Zwiebelringe zum Garnieren
Kresse

Pilze kleinschneiden, Salatgurke längs vierteln, in Blättchen schneiden, Zwiebel fein hacken. Weizen gekeimt oder ca. 1/2 Std. gekocht, abgekühlt vermengen, mit den restlichen Zutaten und Kräutern würzen. Den fertigen Salat mit Kressekranz, Eischeiben und Zwiebelringen garnieren.

Pikanter Salat

500 g Salatkartoffeln
1 Kopf Endiviensalat
1 kl. Salatgurke
2 säuerliche Äpfel
2 in Ringe geschnittene Zwiebeln
1 Bd. geh. Dill
1 Dose Maiskörner

Für die Marinade:
5 Eßl. Weinessig
6 Eßl. kaltgepreßtes Öl
2 Eßl. Zitronensaft
Brecht's Selleriesalz
Pfeffer
mittelscharfer Senf

Die Kartoffeln waschen und in Wasser garkochen. Abgießen und warm pellen. In Scheiben schneiden und in eine Schüssel geben. Den Endiviensalat putzen, in grobe Streifen schneiden, waschen und in einem Sieb gut abtropfen lassen. Die Gurke waschen, längs halbieren. Gurkenhälften in dünne Scheiben schneiden. Die Äpfel waschen, halbieren, entkernen und in feine Streifen schneiden. Essig mit Öl, Zitronensaft, Salz, Pfeffer und Senf gut verrühren. Dann den Dill und die Zwiebelringe zugeben. Die Salatzutaten in eine große Schüssel geben, die Soße darübergießen, alles gut vermengen und zum Schluß die abgetropften Maiskörner untermischen.
Nochmals abschmecken!

Frischkäse mit grünem Pfeffer

600 g Doppelrahm–Frischkäse
1/8 l Milch
1 Teel. grüne Pfefferkörner
2 Knoblauchzehen
Schale einer unbehandelten Zitrone
3 Teel. Kräutersenf
frisch geriebene Muskatnuß
1 Bd. Schnittlauch

Doppelrahm–Frischkäse und Milch cremig rühren. Die Pfefferkörner etwas zerdrücken, die Knoblauchzehen pellen und durchpressen. Die Zitrone fein abreiben. Alles zusammen mit Senf und Muskat zum Käse geben und gut verrühren. Zum Schluß den Schnittlauch fein schneiden (etwas Schnittlauch zum Garnieren zurückbehalten) und ebenfalls unter die Käsemischung ziehen. Kühl stellen und ca. 2 Stunden durchziehen lassen. Vorm Servieren mit Schnittlauch garnieren.

Frischkäse mit Paprika

400 g Doppelrahm–Frischkäse
250 g Magerquark
1/8 l Milch
1/2 rote Paprikaschote
2 Eßl. Paprikapulver
1/2 Teel. Vollmeersalz

Den Doppelrahm–Frischkäse mit Quark und Milch cremig rühren. Die Paprikaschote putzen, waschen, fein würfeln, etwas zum Garnieren zurücklegen. Den Rest mit Paprikapulver und Salz unter den Käse rühren. Kühl stellen und mindestens zwei Stunden durchziehen lassen. Mit Paprikawürfeln und Petersilie garnieren.

Cannstatter Kressekäs

150 g geriebenen Gouda
150 g Butter
100 g Gartenkresse
etwas gehackte Petersilie
Pfeffer

Die weiche Butter wird schaumig gerührt, sogleich der Reibkäse beigefügt, ebenso die küchenfertig feingeschnittene Kresse und Petersilie, mit Pfeffer würzen. Auf Salatblätter anrichten, mit Zwiebelringen und Tomatenachteln garnieren. Kann als Brotaufstrich, zum Füllen von Tomaten und Eiern verwendet werden.

Getreidesalate

Aus Getreide können köstliche Salate z.B. für das Abendessen zubereitet werden. Das Getreide kann hierfür gekocht oder gekeimt werden. Das Keimen des Getreides wurde bereits bei der Herstellung des Frischkornbreis nach Dr. Evers erläutert.
Kochen des Getreides:
Das Getreide waschen, ca. 8 Stunden einweichen, abschütten und danach im Verhältnis 1 Teil Korn 3 Teile Wasser kochen (15 Min.). Wird das Getreide nicht eingeweicht, verlängert es seine Garzeit um fast 1 Stunde.
Natürlich können auch reichlich frische Kräuter z.B. Petersilie, Schnittlauch, Liebstöckel, Bohnenkraut usw. Verwendung finden und die Geschmacksrichtungen bereichern.

Herzhafter Getreidesalat

200 g Weizen
1 feingehackte Zwiebel
150 g Salatgurke
100 g Radieschen
100 g Lindenberger–Käse
frischer Schnittlauch, etwas Dillspitzen,
Mayonnaise, Vollmeersalz, Pfeffer,
etwas Curry zum Würzen

Salatgurke waschen, der Länge nach vierteln und in feine Blättchen schneiden. Radieschen waschen und vierteln. Den Käse schneidet man in kleine Würfel. Sämtliche Zutaten vermengen und pikant–würzig abschmecken.
Mit Radieschenrosetten und in frisch gehackter Petersilie gewendeten Zwiebelringen garnieren.

Salat aus gekeimten Dinkelkörnern

400 g gekeimter Dinkel
3 Petersilienwurzeln
2 große gelbe Rüben (Karotten)
150 g tiefgekühlte oder frische Erbsen

Petersilienwurzel reinigen, Schale abschaben und mit den gewaschenen gelben Rüben grob raspeln, Erbsen dazugeben, mit dem Dinkel vermengen.
Mit Petersilie und Tomatensechstel garnieren.
Soße:
4 Eßl. Mayonnaise, 1 Becher Bioghurt, würzen mit Vollmeersalz, Pfeffer, etwas Senf und Tamari (= Soße aus natürlicher Gärung von Soja) und frische Kräuter.

Grünkernsalat

(Abbildung S. 39)

200 g Grünkern
2 Tassen Wasser
1/4 Gemüsebrühwürfel
1 mittelgroße Fenchelknolle
2 Birnen
200 g Gouda
2 Eßl. Leinsamen
2 Eßl. Sesam
1 Becher Bioghurt
6 Eßl. Rahm (süße Sahne)
2 Eßl. Tamari
Saft einer Zitrone
1 Teel. scharfer Senf
Kräutersalz

Grünkern mit Wasser und Gemüsebrühwürfel 20 bis 25 Min. bei geringer Hitze ausquellen, abkühlen lassen. Fenchel in Streifen schneiden, Birnen achteln, Käse würfeln. Grünkern, Leinsamen und Sesam in einer Schüssel mischen. Aus den übrigen Zutaten eine Marinade rühren, über den Salat gießen und vermengen.

Dinkelsalat "Neckartal"

(Abbildung S. 54)

200 g gekeimten Dinkel
400 g Gemüse zu je gleichen Teilen
(Erbsen, Mais, rote Paprika und Petersilienwurzel)
1 Eßl. feingeschnittener Liebstöckel
2 Eßl. feingehackte Petersilie
1 Eßl. Senf
2 Eßl. saure Sahne
Vollmeersalz, schwarzer Pfeffer,
Tamari nach Wunsch
1 zerdrückte Knoblauchzehe

Den gewaschenen Paprika in kleine Würfel schneiden und die Petersilienwurzel gereinigt grob raspeln, mit den Erbsen und den Maiskörnern sowie dem Dinkel vermengen und den Würzzutaten kräftig abschmekken. Auf Blattsalat angerichtet, evtl. mit Tomaten- und Eiecken garnieren und servieren.

Kartoffelsalat (Grundrezept)

1 kg Kartoffeln
1/4 l Gemüsebrühe
1 kl. feingehackte Zwiebel
zum Würzen Obstessig,
kaltgeschlagenes Öl,
Vollmeersalz, Pfeffer, Senf

Die gekochten Kartoffeln pellen, etwas abgekühlt in Rädle hobeln, mit Gemüsebrühe übergießen, Vollmeersalz, Pfeffer, Senf und Obstessig dazugeben, zum Schluß mit dem Öl vermengen.
Der Kartoffelsalat darf nicht zu trocken sein. Es können auch nach Wunsch Petersilie, Schnittlauch oder Zwiebelröhrle beigemengt oder eine mittelgroße Salatgurke dazu gehobelt werden, nochmals nachwürzen.

Kartoffelsalat mit Sellerie, Käse und Nüssen

1 kg festkochende Kartoffeln
1 Bd. Staudensellerie
1/8 l Wasser
1/8 l Essig
Salz
wenig schwarzer Pfeffer aus der Mühle
200 g milder Käse (Gouda–Käse)
50 g Haselnußkerne
1/2 Kopf Endiviensalat
250 g Mayonnaise
1 Becher Bioghurt
1 Eßl. Honig
2 Teel. scharfer Senf
Saft einer Orange

Zubereitung ca. 2 Stunden.
Kartoffeln gründlich waschen und in der Schale kochen. Schälen, abkühlen lassen und in Scheiben schneiden. Staudensellerie putzen und waschen. Einige grüne Blättchen beiseite legen und den Sellerie in Stücke schneiden. Wasser, Essig, Salz, Pfeffer aufkochen. 2/3 des Suds über die Kartoffeln gießen, mit dem Rest den Sellerie marinieren. Anschließend alles bis zum Erkalten durchziehen lassen. Käse würfeln, Nüsse mit einem Messer in Scheiben schneiden. Endivien putzen, waschen, gut abtropfen lassen und in Streifen schneiden. Dann den Endiviensalat auf einer großen Platte anrichten. Darüber Kartoffeln, Sellerie, Käse und Nüsse schichten. Sellerie mit gehacktem Grün bestreuen. Zum Schluß die Mayonnaise mit Orangensaft, Bioghurt, Honig und Senf verrühren und die Soße extra zum Salat servieren.

Bunter Kartoffelsalat

Wie Grundrezept
250 g tiefgekühlten Mais
1 Bund Radieschen
1 Eßl. Kapern
2 hartgekochte Eier
Petersilie zum Garnieren

Das Grundrezept mit dem Mais, den gereinigten, geviertelten Radieschen und Kapern vermengen.
Nochmals abschmecken.
Mit den Eiecken und Krausepetersilie garnieren.

Festlicher Kartoffelsalat

Wie Grundrezept
5 Essiggurken
100 g tiefgekühlte Erbsen
1 Apfel
frische Petersilie und Schnittlauch

Essiggurken in Würfel schneiden, Äpfel waschen, Kerngehäuse ausstechen, ebenfalls würfeln und die angetauten Erbsen, Petersilie und Schnittlauch mit dem Grundrezept vermengen, nachwürzen!

Nudelsalat

150 g Vollkornnudeln (Hörnchen)
100 g gelbe Rüben (Karotten)
100 g frische oder tiefgekühlte Erbsen
1 kleine Sellerieknolle
1 Apfel
2 Tomaten
krause Petersilie

1/2 Menge des Mayonnaise–Grundrezepts eventuell nachwürzen mit frischer Petersilie, Senf, Pfeffer, Vollmeersalz.
Die Vollkornnudeln werden in Salzwasser gekocht. Gelbe Rüben gründlich waschen und bürsten, ebenso den Sellerie. Sellerie schälen, Apfel vom Kernhaus befreien. Die Gemüsesorten grob raspeln. Mit den Nudeln vermengen. Erbsen dazugeben und abschmecken.
Mit Tomatenecken und krauser Petersilie garnieren.

Buttermischungen

Sie werden zur geschmacklichen Verbesserung und Vollendung verschiedener Gerichte verwendet. Z. B. als Beigabe zu Bratlingen – Getreideküchle, Gemüsegerichten, zum Abschmecken von Cremsuppen, als Krönung kurz vor dem Servieren ein Scheibchen zugeben, zum Bestreichen von Toast, auch zum Frühstück und Abendbrot.

Kräuterbutter I

125 g Butter
2 Teel. Zitronensaft
etwa 4 Eßl. gemischte, sehr feingewiegte Kräuter
    (z.B. Borretsch, Dill, Kerbel, Petersilie, Basilikum,
    Estragon, Majoran, Pimpinelle, Rosmarin,
    Schnittlauch)
1 zerdrückte Knoblauchzehe
Vollmeersalz
2 Teel. Senf

Butter schaumig rühren. Zitronensaft, kleingewiegte Kräuter, zerdrückte Knoblauchzehe und Salz nach Geschmack unterrühren.

Kräuterbutter II

Wie Kräuterbutter I
1 Eßl. Paprika edelsüß
grobgestoßener Pfeffer

Wie Kräuterbutter I
Noch 1 Eßl. Paprika edelsüß und grobgestoßenen Pfeffer zugeben.

Salbeibutter

125 g Butter
1 flacher Teel. Pfeffer
1 Teel. Zitronensaft
1 Teel. feingewiegter Salbei
1 Teel. Senf

Butter schaumig rühren. Pfeffer, Zitronensaft und Salbei unterrühren.

Estragonbutter

125 g Butter
2 Eßl. Estragon
2 Eßl. Petersilie
1 Knoblauchzehe – zerdrückt
1 Eßl. Zitronensaft
Pfeffer – gemahlen
Brecht's Selleriesalz

Die Buttermischungen können mit Pergamentpapier zu einer Rolle geformt werden. Tiefgekühlt können Sie gut aufbewahrt werden und je nach Bedarf verwendet werden;
oder auch mit dem Spritzsack, grobe Sterntülle auf eine flache Platte Rosetten spritzen, tiefgekühlt verwenden.
Sehr dekorativ für Getreideküchle und Gemüsegerichte.

Petersilienbutter

125 g Butter
3 Eßl. feingewiegte Petersilie
1 Teel. Zitronensaft
Vollmeersalz
Pfeffer
1 Knoblauchzehe

Butter schaumig rühren. Vollmeersalz, Pfeffer, Knoblauchzehe, Petersilie und Zitronensaft unterrühren.

Pfefferbutter

125 g Butter
2 Eßl. Petersilie – fein gehackt
2 Eßl. grüner Pfeffer
1 Eßl. grob gestoßener schwarzer Pfeffer
1 Teel. Senf
1 Zehe Knoblauch – zerdrückt
Brecht's Selleriesalz nach Geschmack

Butter schaumig rühren. Restliche Zutaten unterrühren.

Käse-Birnen

4 große reife Birnen
1 Bd. Petersilie
1/2 grüne Paprikaschote
200 g Roquefortkäse
1/2 Becher Bioghurt
1 Zitrone
Vollmeersalz
frisch gem. Pfeffer

Die Birnen waschen und am Stielende einen Deckel abschneiden. Die Birne mit einem Löffel aushöhlen. Das Fruchtfleisch vom Kerngehäuse trennen und in Würfel schneiden. Petersilie waschen und fein hakken. Die Paprikaschote sehr fein würfeln. Den Roquefort mit einer Gabel zerdrücken und mit Bioghurt, Paprikawürfeln, Birnenwürfeln und Petersilie mischen. Mit Zitronensaft, Salz und Pfeffer kräftig abschmekken. Diese Creme in die ausgehöhlten Birnen füllen. Deckel wieder aufsetzen und eventuell mit Birnenblättern garniert als Vorspeise oder zum Nachtisch reichen.

Obatzter

250 g weicher Camembert
70 g streichfähige Butter
2 Zwiebeln
etwas Kümmel
schwarzer Pfeffer
Paprika – edelsüß
(Pfeffer u. Paprika nach Geschmack)
2 Teel. eingelegte Sumpfdotterblumenknospen
oder Kapern
Radieschen
großes Salatblatt

Den Camembert würfeln und mit der Butter mit einer Gabel verkneten. Zwiebeln feinhacken und untermischen. Mit Kümmel, Pfeffer und Paprika abschmecken. Den Obatzten mit einer Gabel formen und auf ein Salatblatt setzen. Mit Zwiebelringen, Kapern und Radieschen anrichten.

Zum Bild auf Seite 137: Die Aniszöpfle (146) sind das Richtige für Anis-Liebhaber. Die Dinkelwecken (S. 147) schmecken sicherlich allen gut.

Remstaler Käsesalat

250 g Gouda
250 g grüne Trauben
250 g blaue Trauben
1 Apfel
1 Becher Bioghurt
etwas Vollmeersalz
Pfeffer
2 Eßl. Zitronensaft
wenig abgeriebene Zitronenschale
100 g Walnußhälften

Den Käse würfeln, die gewaschenen, abgetrockneten Trauben halbieren und entkernen, den Apfel schälen, Kernhaus entfernen und das Fruchtfleisch würfeln. Aus Mayonnaise, den Gewürzen und evtl. noch etwas Rahm eine Soße rühren und mit den Salatzutaten vermengen. Zuletzt die Nüsse darunterheben und den Salat durchziehen lassen, leicht gekühlt zu Tisch geben.

Bohnensalat mit Pfifferlingen

1 kg junge Bohnen
2 Zweige Bohnenkraut
Vollmeersalz
1 Ds. Pfifferlinge
6 Eßl. Obstessig
3 Eßl. kaltgepreßtes Öl
Vollmeersalz, Pfeffer
etwas Worcestersoße
Bohnenkraut u. Majoran
60 g gekeimter Weizen

Geputzte Bohnen in Salzwasser mit Bohnenkraut 15 Min. kochen, abtropfen lassen. Aus Essig, Worcestersoße, Öl, Zwiebelwürfeln und Gewürzen die Salatsoße bereiten. Pfifferlinge abtropfen lassen, mit den Bohnen mischen, mit Salatsoße übergießen. 30 Min. ziehen lassen. Auf Salatblättern anrichten. Mit gehacktem Bohnenkraut, Majoran – wenn möglich frisch – sowie den gekeimten Weizenkörnern bestreuen.

Zum Bild auf Seite 138: Das schwäbische Bauernbrot (S. 149) kann in der Kastenform, aber auch rustikal wie abgebildet gebacken werden.

Mayonnaise

Verwendung für Salate, auch Gemüsesalate, Nudelsalate usw.

Grundrezept:
2 Eigelb
Vollmeersalz und weißen Pfeffer nach Geschmack
1 Eßl. Zitronensaft
2 Teel. Senf
1/4 l kaltgepeßtes Öl

Eigelbe mit Vollmeersalz, Pfeffer, Senf, Zitronensaft zu einer sämigen Masse rühren, dann das Öl, zunächst tropfenweise, dann langsam im dünnen Strahl unterrühren.
Die Mayonnaise muß dick und fest sein.

Ableitungen:

1. Quarkmayonnaise
Grundrezept und 100 g Quark sowie 3 Eßl. Bioghurt unterrühren. Nochmals abschmecken.

2. Kräutermayonnaise
Grundrezept und gehackte frische Kräuter (Schnittlauch, Petersilie, Estragon, Dill, Zitronenmelisse). 1 feingehackte Zwiebel, Senf, evtl. etwas Pfeffer und Selleriesalz.

3. Sauce Remoulade
2 hartgekochte, feingehackte Eier und Grundrezept, Senf, Schnittlauch, Petersilie, Dill, Kerbel, Kapern, 2 feingewürfelte Essiggurken.

4. Tomaten–Mayonnaise
Grundrezept und 2 Eßl. Tomatenmark unterrühren, mit schwarzem Pfeffer würzen.

5. Sahnemayonnaise
1/8 l steif geschlagenen Rahm (und Grundrezept) unterziehen. Abschmecken mit Zitronensaft u. Brecht–Kräutersalz.

Desserts

Ein Schlaraffenland für alle Süßmäuler ist das Schwabenland. Denn auch als Dessert gibt es viele leckere Kleinigkeiten.

Holdermus mit Apfelspalten

500 g Holunderbeeren
3 mittelgroße säuerliche Äpfel
100 g Honig
1 Prise gem. Zimt
1 Stück ungespritzte Zitronenschale
1/4 l trockenen Weißwein oder Wasser
1 Tl. Agar–Agar

Die von den Dolden abgestreiften Holunderbeeren in ein Sieb geben und gut mit kaltem Wasser abbrausen. Die Äpfel schälen, vierteln und das Kernhaus ausschneiden. Das Fruchtfleisch in feine Spalten schneiden. Dann beide Früchte in einen entsprechend großen Topf geben, mit Zimt bestreuen, Honig dazu geben und die ungespritzte Zitronenschale hineinlegen und das Ganze mit Wein oder Wasser begießen. Bei nicht zu starker Hitze aufkochen, dann auf kleiner Flamme 12 – 15 Min. köcheln lassen. Agar–Agar mit etwas Wasser anrühren und Holundermus abbinden.

Träubles–Sahnequarkdessert

200 g Quark
1 Tasse Milch
1/8 l Rahm (süße Sahne)
2 MS Vanillgewürz
Honig nach Belieben
150 g Träuble–Johannisbeeren

Quark mit Milch glattrühren, Vanillgewürz und Honig zugeben. Nun die entstielten Träuble und letztlich die steif geschlagene Sahne unterziehen. Mit Johannisbeeren garnieren.
Hierzu können auch verschiedene andere Früchte wie Heidelbeeren, Erdbeeren, Brombeeren usw. verwendet werden.

Oberstdorfer Äpfel

4 große Äpfel
1 ausgepreßte Zitrone
1/8 l Milch
3 Eßl. Rahm (süße Sahne)
2 Eßl. Butter
1 Prise Vollmeersalz
1 Prise Pfeffer
1 Hauch geriebene Muskatnuß
20 g Demeter-Grieß
2 Eier – getrennt
70 g geriebenen Emmentaler
50 g geriebene Haselnüsse

Äpfel waschen, Kerngehäuse ausstechen. Äpfel mit Zitronensaft beträufeln. Milch mit Gewürzen aufkochen, Grieß unter Rühren einstreuen, ca. 5 Min. quellen lassen. Nun Butter und Reibkäse, Haselnüsse zufügen. Eigelb mit Rahm verquirlen und die Grieß–Käsemasse legieren.

Nun noch den steifgeschlagenen Eischnee unterheben; Masse in die Äpfel füllen, Rest auf die Äpfel geben. In einer feuerfesten Form etwa 20 – 25 Min. bei 170 Grad backen.

Schwäbischer Obstsalat   (Abbildung: S. 40)

100 g Preiselbeeren
500 g Zwetschgen
250 g grüne Trauben
250 g rote Trauben
2 Äpfel
1 Prise Zimt
1 Tasse Wasser
2 Tl. Honig
3 Eßl. Kirschwasser
1 ausgepreßte Zitrone
2 Eigelb
50 g Honig
1/4 l Rahm (süße Sahne)
Walnußkerne

Preiselbeeren mit 1 Tl Honig und einer Tasse Wasser kurz aufkochen und 3 Min. ziehen lassen – kühl stellen.

Zwetschgen und Trauben waschen, halbieren, Äpfel schälen, entkernen, vierteln und in feine Blättchen schneiden. Preiselbeeren abschütten, zu den übrigen Früchten geben, mit Zitronensaft beträufeln, 1 Tl. Honig, Prise Zimt und Kirschwasser abschmecken.

Aus Eigelb und Honig eine Cremesoße rühren und den halbsteifgeschlagenen Rahm zugeben. Vor dem Servieren über den Obstsalat verteilen.

Mit Walnüssen garnieren.

Kreßbronner Schüssel

6 – 8 nicht zu süße Äpfel
5 Eßl. Honig
1 Prise Zimt
4 Eßl. Rum
6 – 8 Eßl. Pflaumen–Dattelmus ohne Zucker
je 1/2 Tasse Rosinen, Mandelstifte
und Walnußhälften

Äpfel schälen, Kernhaus ausstechen. Honig, Zimt und Rum mit drei achtel Liter Wasser aufkochen. Äpfel hineinsetzen, mit Marmelade füllen, Rosinen, Mandeln und Nüsse darüber verteilen, bei kleiner Hitze in etwa 10 Minuten gar dünsten.

Mostschaumsoße

4 Eier
100 g hellen Honig
1/2 l Most
2 Eßl. Zitronensaft
etwas abgeriebene Zitronenschale

Sämtliche Zutaten verquirlen, im heißen Wasserbad mit dem Schneebesen solange schlagen, bis eine schaumige Masse entsteht. Wenn die Schaumsoße hochzusteigen beginnt, aus dem Wasserbad nehmen. Sie darf nicht kochen. Sie kann sofort heiß serviert werden. Sollte die Mostschaumsoße kalt bei Tisch gereicht werden, muß sie solange gerührt werden, bis sie erkaltet ist.

Prestling–Apfelsalat

300 g Prestling (Erdbeeren)
2 Äpfel
2 Eßl. Honig, falls gewünscht
2 Eßl. Rahm (süße Sahne)
2 MS Vanillgewürz
Saft 1/2 Zitrone

Äpfel vierteln, vom Kerngehäuse befreien, in dünne Scheiben schneiden, mit Zitronensaft beträufeln (evtl. Honig zugeben), Vanillgewürz und Rahm zugeben. Mit den halbierten Erdbeeren vermengen, kurz durchziehen lassen. Mit steifgeschlagenem Rahm garnieren.

Brombeerschaum

300 g Brombeeren
1/4 l Rahm (süße Sahne)
70 g hellen Honig
2 MS Vanillgewürz
Saft einer halben Zitrone
70 g geriebene Haselnüsse

Brombeeren mit Honig, Zitronensaft und Vanillgewürz mit dem Mixer pürieren. Steif geschlagenen Rahm darunterziehen.
Mit Haselnüssen bestreuen und Brombeerblättern garnieren.

Apfelsalat

4 größere Äpfel
100 g Weinbeerle – ungeschwefelt
1 – 2 ausgepreßte Zitronen
Honig nach Belieben
1 Schuß Kirschwasser
70 g Walnußkerne

Äpfel waschen, vierteln, vom Kerngehäuse befreien und in Würfel schneiden. Mit Zitronensaft beträufeln. Die gewaschenen Weinbeerle, Honig und Kirschwasser zugeben. Portionieren und mit Walnußkernen garnieren. Ein Sahnetupfer wäre eine geschmackliche Ergänzung. Statt Äpfel können auch Birnen verwendet werden.

Badische Bratäpfel

4 Äpfel
3 Eßl. Mandelblätter
4 Eßl. Honig
Saft und abger. Schale 1/2 Zitrone
1 Ei
2 Eßl. Rahm (süße Sahne)
2 – 3 Eßl. herben Weißwein
Butter für die Form

Den Stiel entfernen und einen Deckel abschneiden. Das Kerngehäuse aushöhlen, so daß unten noch ein dünner Boden bleibt. Alle Zutaten bis auf den Weißwein miteinander vermengen. Ein feuerfestes Geschirr mit Butter ausstreichen und die Äpfel einsetzen. Den Weißwein zugießen mit etwas Honig. Zugedeckt bei etwa 200 Grad 35 — 45 Min. backen.

Apfel "Gaby"

4 Äpfel
1/2 l Wasser
Saft einer Zitrone
2 Eßl. Honig
1 Zimtstange
100 g Butter
70 g Honig
100 g Rosinen–Weinbeerle
4 Eßl. grob gehackte Haselnüsse
1 Eßl. Weizenvollkornmehl
2 Eßl. Milch

Äpfel schälen, Kerngehäuse ausstechen. Den ganzen Apfel 5 Min. in Wasser mit Zitronensaft, Honig u. Zimtstange garen. In eine feuerfeste Form geben.
Nun Butter mit Honig schaumig schlagen, die übrigen Zutaten beifügen.
Diese Masse über die Äpfel verteilen. Im Rohr bei 225 Grad 10 Min. backen.

Birnen "Waldgeist" (Abbildung S. 151)

4 große Birnen
1 Eßl. Honig
1 Eßl. Zitronensaft
1/8 l Wasser
1 Zimtstange
300 g Prestlinge (Erdbeeren)
　 oder Walderdbeeren
1 Eßl. Zitronensaft
1 MS Vanillgewürz
2 Eßl. Honig
3 Eßl. grob gehackte Haselnüsse

Birnen werden geschält, vom Kerngehäuse befreit. In Wasser mit Honig, Zimtstange und Zitronensaft 10 Min. gegart. Abkühlen lassen.
Erdbeeren mit Honig, Zitronensaft und Vanillgewürz pürieren.
Birnen portionieren, mit Erdbeermark überziehen und den Haselnüssen bestreuen.

Brot und Gebäck

Selbstgebackenes Brot und Gebäck ist schon ein besonderer Leckerbissen. Vor allen Dingen, wenn es aus dem vollen, frisch gemahlenen Korn hergestellt wird.

Mürbes Käsegebäck

200 g Butter
1/16 l Rahm (süße Sahne)
1 Teel. Kräutersalz
2 Teel. Paprika
200 g geriebenen Emmentaler
350 g Weizenvollkornmehl
1 Teel. Weinstein–Backpulver
1 Eigelb
Kümmel, Sesam u.
Mohn zum Bestreuen

Die Butter mit dem Käse in einer Schüssel gut verarbeiten, den Rahm, das Kräutersalz und die Gewürze zugeben, dann das gesiebte, mit dem Backpulver vermischte Vollkornmehl damit verkneten. Den Teig gut kühlen, dann 4 – 5 mm dick ausrollen. Mit beliebigen kleinen Formen Plätzchen ausstechen, auf ein bemehltes Backblech legen. Mit Eigelb bestreichen und mit Kümmel, Sesam und Mohn abwechselnd bestreuen. Backzeit bei 170 Grad etwa 10 – 15 Minuten.

Aniszöpfle (Abbildung: S. 137)

500 g Weizenvollkornmehl
40 g Hefe
1/4 l lauwarme Milch, reichlich
1 Teel. Kräutersalz
1 Teel. Anis, ganz
1 Eigelb zum Bestreichen
Anis zum Bestreuen

Hefe mit etwas lauwarmer Milch auflösen, dem frischgemahlenen Vollkornmehl zufügen, ebenso die restliche Milch, Kräutersalz und Anis.
10 Min. kräftig durchkneten, 30 Min. zugedeckt am warmen Ort gehen lassen. Nochmals kurz durchkneten, auf bemehlter Arbeitsfläche eine Rolle formen, in 14 gleich große Stücke teilen. Aus jedem Stück eine 30 – 40 cm lange Rolle formen, in drei gleich große Stücke schneiden und daraus Zöpfchen flechten. 15 Min. gehen lassen, mit Eigelb bestreichen und mit Anis bestreuen. Bei 180 Grad 30 Minuten backen.

Dinkelwecken (Abbildung: S. 137)

450 g Dinkel
40 g Hefe
1/4 l lauwarme Milch, reichlich
1 Teel. Kräutersalz
1 Eigelb
Kümmel
Sesam zum Bestreuen

In das frischgemahlene Dinkelmehl eine Mulde drücken, Hefe einbröseln, mit etwas lauwarmer Milch auflösen, Vorteig gehen lassen. Kräutersalz und Milch zugeben, gut verkneten. Nochmals zugedeckt gehen lassen. Aus dem Teig eine Rolle formen, in 10 Stücke teilen und Brötchen formen. Auf ein bemehltes Backblech legen, oben kreuzweise einschneiden, mit dem Eigelb bestreichen und mit Kümmel oder Sesam bestreuen. Nochmals am warmen Ort etwa 20 Min. gehen lassen. Bei 180 Grad ca. 25 Min. backen.

Roggenweckle

500 g Roggenvollkornmehl
30 g Hefe
1/4 l lauwarmes Wasser, reichlich
1 Teel. Vollmeersalz
1 Teel. Koriander, zerdrückt
1 Eigelb
Kümmel zum Bestreuen

Zubereitung wie Dinkelwecken.

Bauernwecken

Grundrezept s. Dinkelwecken
200 g Zwiebeln

Grundrezept siehe Dinkelwecken
Dem Grundrezept werden in feine Würfel geschnittene, in wenig Butter angedämpfte Zwiebeln hinzugefügt. Längliche Wecken formen, in grobem Roggenschrot wenden. Die Oberseite der Länge nach leicht einschneiden.

Sonnenblumenbrot

750 g Weizenvollkornmehl
50 g Hefe
1/2 l Wasser, knapp
2 Teel. Kräutersalz
2 Teel. Koriander, zerdrückt
200 g Sonnenblumenkerne
20 g Butter zum Ausfetten der Kastenform

Das frischgemahlene Weizenvollkornmehl in eine Schüssel geben, Mulde eindrücken. Die Hefe einbröseln und mit wenig lauwarmen Wasser einen Vorteig herstellen. Etwa 20 Min. an einem warmen Ort gehen lassen. Kräutersalz, Koriander, Sonnenblumenkerne sowie das restliche Wasser dazugeben und kräftig kneten. 30 Min. zugedeckt gehen lassen. Nochmals kurz kneten. In eine ausgefettete Kastenform füllen, 20 Min. gehen lassen, bei 220 Grad 45 Min. backen.

Dinkellaib

Vorteig:
250 g Dinkelvollkornmehl
1/4 l Wasser, lauwarm
70 g Backfermentgrundansatz
nach Hugo Erbe
1 Eßl. Backferment

Hauptteig:
500 g Dinkelvollkornmehl
2 Teel. Kräutersalz
1/2 l Wasser, lauwarm
1 Teel. Kümmel, ganz
1 Teel. Koriander, zerdrückt
1 Teel. Fenchel, ganz

Den Grundansatz und das Backferment mit dem lauwarmen Wasser verrühren und das frisch gemahlene Dinkelvollkornmehl dazugeben. Den eben zubereiteten Teigansatz mit einem Tuch oder Alu–Folie abdecken. Bei Zimmertemperatur mindestens 12 Stunden stehen lassen. Hiervon Grundansatz abnehmen für das nächste Brotbacken.
Dinkelvollkornmehl in eine Schüssel geben, Gewürze beifügen. In die eingedrückte Mulde gibt man den Vorteig. Gut vermengen, nach und nach wird das Wasser zugegeben. Den Teig gut und kräftig durchkneten – etwa 1/4 Std. Brotteig mit Mehl bestreuen, zugedeckt gut 1 Std. an einem warmen Ort gehen lassen. Der Teig vermehrt sein Volumen um etwa 1/3. Dann nochmals kurz durchkneten. Die Teigmasse in ein gut bemehltes Brotkörbchen geben. Nochmals 1/2 Std. gehen lassen. Das Brot auf ein bemehltes Backblech geben, im vorgeheizten Rohr backen. Ins Backrohr stellt man eine Tasse mit heißem Wasser.
Backzeit: zuerst 1/4 Std. 250 Grad, dann 1 Std. 190 Grad.

Schwäbisches Bauernbrot (Hefebrot) (Abbildung: S. 138)

800 g Weizenvollkornmehl
200 g Roggenvollkornmehl
60 g Hefe
1/2 l Wasser
3 Teel. Kräutersalz
2 Teel. Kümmel, ganz
2 Teel. Anis, ganz
2 Teel. Koriander, zerdrückt
20 g Butter zum Ausfetten der Form

Das frisch gemahlene Vollkornmehl in eine Schüssel geben, Vertiefung eindrücken, darin Hefe einbröseln und mit wenig lauwarmem Wasser auflösen. Vorteig etwa 20 Min. zugedeckt gehen lassen.
Gewürze und Wasser dazugeben und kräftig durchkneten. Wiederum 1/2 Std. gehen lassen. Teig kurz durcharbeiten. In eine ausgefettete Kastenform geben, 1/2 Std. gehen lassen. Bei 220 Grad 45 Min. bakken.

Feine Käsewecken

225 g Weizenvollkornmehl
2 gehäufte Teel. Weinstein–Backpulver
1/2 Tl. Kräutersalz
50 g Butter
150 g geriebenen Emmentaler
1/8 l Milch
1 Ei

Vollkornmehl, Backpulver, Kräutersalz auf dem Backbrett mischen, die Butter in Stücken daraufgeben und alles mit einer Kuchenpalette gut durchhacken. Dann 100 g Emmentaler untermengen, die Milch (ca. 2 Eßl. zurücklassen) mit dem Ei verschlagen, dazugeben und alles zu einem glatten Teig verkneten. Aus dem Teig 8 gleichgroße Kugeln formen und als Ring auf einem leicht gefetteten und bemehlten Springformboden aneinandersetzen, dabei die aneinanderstoßenden Seiten mit Milch bepinseln. Die Ringoberfläche mit Milch bepinseln und mit dem restlichen Käse bestreuen. Etwa 30 Minuten bei 200 Grad backen. Der Ring wird lauwarm aufgeschnitten und mit Butter bestrichen serviert.

Buttermilchmischbrot (Buchweizen und Weizen)

Vorteig:
125 g Buchweizenmehl
125 g Weizenvollkornmehl
1/4 l lauwarmes Wasser
70 g Backfermentgrundansatz
1 Eßl. Backferment
Hauptteig:
300 g Buchweizenmehl
200 g Weizenvollkornmehl
2 Teel. Kräutersalz
1/2 l Buttermilch
1 Teel. Koriander, zerdrückt
1 Teel. Anis, ganz

Arbeitsvorgänge und Zubereitung wie Dinkellaib.

Herrenbrötle

20 g Haferflocken (Demeter)
50 g Weizenvollkornmehl
1/2 Teel. Weinstein–Backpulver
etwas Kräutersalz
Paprika, Pfeffer
100 g geriebenen Emmentaler
75 g Butter
4 Eßl. saure Sahne
2 Eigelb
Kümmel

Die Zutaten zu einem Mürbteig verkneten. Diesen läßt man zugedeckt und kühl eine Stunde ruhen und wellt ihn bis ca. 1 cm dick aus. Dann sticht man kleine Brötle aus, bestreicht sie mit Eigelb, bestreut sie mit Kümmel und backt sie bei Mittelhitze etwa 10 Minuten.

Zum Bild auf Seite 151: Der Birnen "Waldgeist" (S. 145) ist ein besonders erlesenes Dessert.

Käsestangen

600 g Weizenvollkornmehl
1 Würfel Hefe
3/4 l Wasser, handwarm
1 Eßl. Kräutersalz
1 Eßl. Kümmel
1/2 Teel. Koriander, zerdrückt
250 g Reibkäse (Emmentaler)
1 Eigelb zum Bestreichen

Hefe mit etwas Wasser anrühren, dem Vollkornmehl zufügen. Das restliche Wasser, die Gewürze, sowie 150 g des Reibkäses etwa 15 Min. kräftig dazu kneten. Am warmen Ort ca. 15 Min. zugedeckt gehen lassen. Teig nochmals kurz durchkneten, in 4 gleich große Teile schneiden, jeden Teigteil in ca. 30 cm lange Stangen formen, Oberfläche kreuzweise einschneiden, mit Eigelb bestreichen und mit dem restlichen Reibkäse bestreuen. 15 Min. gehen lassen. Im vorgeheizten Rohr bei 200 Grad ca. 30 Min. backen lassen.

Käsezöpfle

200 g Weizenvollkornmehl
200 g Butter
200 g Quark
150 g geriebenen Gouda
1 Teel. zerdrückten Koriander
1 Teel. Kümmel
1 Teel. Kräutersalz
1 Teel. Weinsteinbackpulver
1 Eigelb

Das frisch gemahlene Weizenvollkornmehl vermengt mit Backpulver, Butter und Quark rasch zu einem Teig kneten, Gewürze und 100 g des geriebenen Käses unterziehen. Ca. 2 Std. im Kühlschrank ruhen lassen. Dann 8 Teile schneiden, jedes Teil ca. 30 cm lang ausrollen. 3 gleich große Stücke schneiden und kleine Zöpfle flechten. Auf ein bemehltes Backblech legen, mit Eigelb bestreichen und dem restlichen Reibkäse bestreuen. Backzeit: 30 Minuten bei 200 Grad.

Zum Bild auf Seite 152: Das Hutzelbrot (S. 159) ist eine Köstlichkeit, die nicht nur zur Weihnachtszeit schmeckt.

Kuchen und Gebäck

Nicht nur die schwäbische Küche ist beliebt und weithin bekannt – die schwäbischen Kuchen und Gebäcke stehen ihr nicht im geringsten nach. Deshalb haben wir diesen Teil des Buches nicht zu knapp gehalten...

Gewürzlebkuchen

600 g feingemahlenes Dinkelmehl
350 g Honig
125 g Butter
2 Eier
2 Teel. Weinstein–Backpulver
1 Teel. Zimt, gemahlen
2 MS Nelken, gemahlen
1 MS Kardamom, gemahlen
1 MS Koriander, gemahlen
1 MS Muskat, gemahlen
200 g gemahlene Haselnüsse
Schale einer abgeriebenen Zitrone
125 g abgezogene Mandeln zum Verzieren
5 Eßl. Milch

Dinkelmehl mit Butter, Honig, Haselnüssen, Backpulver und Gewürzen zu einem Teig verkneten und 1/2 Stunde kühl stellen. Den Teig auf einer bemehlten Arbeitsfläche knapp einen Zentimeter stark auswellen, mit Lebkuchenformen ausstechen, auf Oblaten legen und mit den abgezogenen Mandeln beliebig verzieren. Mit Milch bestreichen. Lebkuchen auf ein leicht gefettetes Backblech legen und im vorgeheizten Rohr bei 200 Grad hellbraun backen.

Haselnußkuchen

160 g Butter
160 g Vollkornweckmehl
150 g fein gemahlene
Haselnüsse
8 Eier – getrennt
2 Eßl. Rum
2 MS Zimt
1 MS Vanille
1 abgeriebene Zittone

Butter mit Honig gut schaumig rühren, Gewürzzutaten zugeben, dann nach und nach die Eidotter. Haselnüsse und Weckmehl mischen, der Masse beifügen. Nun den steifgeschlagenen Eischnee unterheben. Die Teigmasse in eine gut gefettete Kuchenform geben.
Bei 170 Grad etwa 40 – 45 Minuten backen.

Träubleskuchen

wie Haselnußkuchen
700 g Träuble (Weintrauben)

Grundteigmasse wie Haselnußkuchen. Diesen auf ein gefettetes, mit Pergament ausgelegtes Backblech geben, mit 700 g entstielten Träuble bestreuen.
Bei 170 Grad etwa 40 – 45 Minuten backen.
Sind die Träuble sehr säuerlich, dem Teig etwas mehr Honig beifügen.

Heilbronner Traubenkuchen

wie Haselnußkuchen
1 kg grüne Trauben
150 g Mandelstifte

Grundmasse nach Haselnußkuchen auf gut gefettetes Backblech streichen und knapp 1 kg Trauben (grün) darauf verteilen. Mit 150 g Mandelstiften bestreuen.
Backen bei 180 Grad etwa 40 – 45 Minuten.

Brombeer–Sahnetorte

5 Eier getrennt
2 Eßl. heißes Wasser
130 g Honig
180 g Weizenvollkornmehl
1 gestr. Teel. Weinstein–Backpulver
3 Eßl. Kakao

Füllung:
300 g frische Brombeeren
1 l Sahne
2–3 Eßl. Honig
etwas Delifrut
Mandelblättchen für den Tortenrand

Eigelbe mit dem heißen Wasser schaumig rühren, Honig dazu geben, weiterrühren, bis Masse cremig–dick wird. Weizenvollkornmehl mit dem Backpulver und dem Kakao vermengen, der Eiermasse unterrühren. Nun das steifgeschlagene Eiweiß mit einem Kochlöffel unterheben.

Die Teigmasse in eine gefettete, mit Reibmehl ausgestreute Springform geben und bei 200 Grad backen. Den abgekühlten Bisquitboden in der Mitte durchschneiden.

Füllung: Die Brombeeren waschen, mit Honig und Delifrut und einem halben Liter sehr steif geschlagener Sahne vermengen.

Kuchenboden damit füllen, Deckel auflegen. Die restl. Sahne verwendet man zum Bestreichen der Seiten und des Oberteils der Torte. Torte einteilen (16 oder 12 Stücke). Jedes Stück nochmals mit einer Sahnerosette verzieren, auf diese setzt man je eine Brombeere. Den Tortenrand bestreut man mit Mandelblättchen.

Kornthaler Brötle

400 g heller Honig
180 g Butter
6 Eier
750 g Vollkornmehl
1 Teel. Hirschhornsalz
2 MS Vanillgewürz
2 Eigelb

Butter, Eier und Honig cremig rühren, Vanillgewürz dazugeben und das mit dem sehr fein gemahlenen Vollkornmehl vermengte Hirschhornsalz. Die Masse 1 Std. kühl ruhen lassen. Auswalken, mit verschiedenen Formen ausstechen. Mit Eigelb bestreichen und backen.

Feine Buchweizentorte

1 kg Quark
1/8 l honigsüßer Sanddornsaft
5 Eier – getrennt
100 g Honig
2 Eßl. heißes Wasser
Schale einer abgeriebenen Zitrone
150 g Buchweizenmehl
50 g Weizenvollkornmehl

Eigelb und Eiklar trennen. Mit dem Honig und 1 – 2 Teel. Wasser und der abger. Zitronenschale das Eigelb sehr schaumig rühren. Das Eiklar sehr steif schlagen und unter die Schaummasse geben. Dann das sehr fein gemahlene Buchweizenmehl und die 50 g Weizenvollkornmehl vorsichtig zu einer Masse vermengen. Die Mehlmischung vorsichtig unter die Schaummasse geben. Die Teigmasse in eine mit Pergamentpapier ausgelegte Springform geben und im Backofen ca. 20 – 30 Min. bei 175 Grad backen. Den ausgekühlten Tortenboden mit einem Messer zweimal quer aufschneiden. Den Magerquark und den Sanddorn gut gekühlt miteinander verarbeiten. Das ist die Voraussetzung für das Gelingen dieser Torte. Damit wird der Biskuitboden ausgestrichen bzw. gefüllt.
Für die Garnitur etwas zurückbehalten. Die ganze Torte wird am Rand und auf der Oberfläche mit der Quarkmasse bestrichen. Anschließend wird die Torte mit einigen Quarktüpfern garniert und diese Quarktüpfer wiederum mit einigen Haselnußkernen verziert.

Buchweizenkipferl

125 g Buchweizen
50 g Honig
70 g Butter
50 g gemahlene Haselnüsse
3 MS Vanillgewürz

Sämtliche Zutaten rasch zu einem Teig verkneten und etwa 3/4 Std. kühl ruhen lassen.
Kleine Hörnle formen (wie Vanillkipferl) und hellgelb bei 200 Grad ca. 20 – 25 Minuten backen.

Württemberger Kranz

500 g Weizenvollkornmehl
100 g Honig
40 g Hefe
1/4 l angewärmte Milch
125 g weiche Butter
1 Prise Vollmeersalz
250 g Quark
1 Ei
2 Eigelb
Saft einer Zitrone
500 g säuerliche Äpfel
250 g Weintrauben (halbiert)

Das frischgemahlene Vollkornmehl in eine Schüssel geben, Mulde eindrücken, Hefe einbröseln, mit etwas lauwarmer Milch auflösen – 15 Min. gehen lassen. Butter, 1 Eigelb und Vollmeersalz zufügen, alles zu einem glatten Teig schlagen. Eine Kugel formen und zugedeckt ca. 15 Min. gehen lassen.
Nun den Teig zu einer Platte ausrollen (ca. 35 x 50 cm). Quark, das Ei u. Zitronensaft u. Honig vermengen und auf den Teig streichen. Äpfel schälen, entkernen und Spalten schneiden. Auf den Quark verteilen, ebenso die Trauben.
Teigplatte aufrollen, zum Kranz formen. Mit 1 Eigelb bestreichen. Im vorgeheizten Rohr bei 220 Grad 35 – 40 Minuten backen.

Feiner Reis–Nuß–Kuchen

300 g frischgemahlenes Vollreismehl
120 g Butter
15 g Hefe
1 Teel. Honig
1 Eigelb
1 MS gemahlener Sternanis
1/8 l Milch
1 Prise Vollmeersalz

Nußfülle:
1/4 l Wasser
250 g geriebene Nüsse
150 g kleingeschn. Datteln
50 g Rosinen
1 gestr. Teel. Zimt
Zitronensaft

Reismehl mit Butter verbröseln, Hefe in kalter Milch auflösen und von allen Zutaten rasch einen Teig herstellen. 1 Std. kühl ruhen lassen. Die Hälfte des Teiges ausrollen, in eine gefettete Springform geben, mit Nußfülle bestreichen, die 2. Hälfte des Teiges ausrollen und obenauf legen.
Bei 200 Grad 25 – 30 Minuten backen.
Nußfülle: Wasser aufkochen, vom Feuer nehmen, Nüsse und die übrigen Zutaten einrühren, erkalten lassen und auf den Teig streichen.

Hutzelbrot

(Abbildung: S. 152)

500 g getrocknete Birnen
500 g getrocknete Feigen
500 g getrocknete Zwetschgen
500 g Rosinen
500 g Weizenvollkornmehl
50 g Hefe
100 g Honig
30 g Zimt
1 EßI. Anis
2 EßI. Kirschwasser
250 g gehackte Haselnüsse
250 g gehackte Mandeln
30 g Orangeat
30 g Zitronat

Birnen und die entsteinten Zwetschgen über Nacht einweichen. Die Birnen etwa 20 Min. im Einweichwasser aufkochen. Die heißen Birnen mit Sud über die Feigen und Zwetschgen gießen und ca. 2 Std. ziehen und auskühlen lassen. Dann Früchte in kleine Würfel schneiden. Das Vollkornmehl in eine genügend große Schüssel geben, eine Vertiefung eindrücken. Etwas Schnitzfrüchtewasser erwärmen, darin die Hefe auflösen und Vorteig mengen. Ca. 1/2 Std. an einem warmen Ort gehen lassen. Anschließend sämtliche Zutaten beifügen und zu einem festen Teig kneten, falls nötig kann etwas erwärmtes Schnitzfrüchtewasser beigefügt werden. Mit Vollkornmehl bestäuben, nochmals zugedeckt warmstellen und gehen lassen, bis sich kleine Risse zeigen. Dann Laibe formen und über Nacht stehen lassen. Bei 200 Grad etwa 1 – 1 1/2 Std. backen. Gleich nach dem Herausnehmen mit Schnitzwasser bestreichen. Vor dem Anschneiden 2 Tage stehen lassen.

Quark–Ölteig (süß)

150 g Quark
1 Prise Vollmeersalz
3 EßI. Milch
6 EßI. kaltgepreßtes Öl
80 g Honig
1 Ei
1 MS Vanillegewürz
300 g Vollkornmehl
3 Teel. Backpulver

Quark mit Öl, Milch, Salz, Honig, Vanillegewürz und dem Ei glattrühren. Die Hälfte des Vollkornmehls mit dem Backpulver vermengen und darunterrühren. Den Rest des Vollkornmehls darunterkneten.
Verwendung: wie Hefeteig, für diverse Obstkuchen z.B. Zwetschgen, Kirschen, Apfel, Streuselkuchen usw.
Kann auch ohne Honig zubereitet werden, eignet sich dann gut für Wähen, Pizza usw.

Strudel (Grundrezept)

2 Eier
1/16 l Wasser
2 Eßl. kaltgepreßtes Öl
1 Prise Vollmeersalz
250 g Weizenvollkornmehl

Eier, Öl und Wasser verrühren, nun das Vollkornmehl beimengen. Den Teig kneten, dann schlagen, bis er zart und glatt ist. Nun in einer angewärmten Schüssel etwa 1/2 Std. ruhen lassen. Entweder dünn mit dem Wellholz auswalken oder kurz auswalken, dann auf ein bemehltes Tuch legen und ihn mit Händen nach allen Seiten dünn ausziehen.

Heidelbeerstrudel

Grundrezept s.o.
1 kg frische Heidelbeeren
100 g Honig
40 g Butter
80 g Vollkorn–Semmelbrösel–Weckmehl
100 g Butter

Heidelbeeren waschen, gut abtropfen lassen, mit Honig vermengen. Weckmehl in 50 g Butter goldfarben anrösten. Den hauchdünn ausgewalkten oder ausgezogenen Strudelteig auf Tuch ausrollen, walken – mit zerlassener Butter bestreichen, Semmelbrösel darüberstreuen. Heidelbeeren in die Mitte des Strudelteiges geben. Mit Hilfe des Tuches einrollen und auf das eingefettete Blech geben. Mit restl. Butter bestreichen. Im vorgeheizten Rohr bei 200 Grad etwa 40 Minuten backen.

Rhabarberstrudel

Grundrezept s.o.
1 kg Rhabarber
80 g Weinbeeren
100 g grob gehackte Haselnüsse
100 g Honig
Zimt
1 abger. Zitronenschale
80 g Butter
1/4 l warme Milch
1/4 l Sauerrahm

Den abgezogenen Rhabarber in feine Scheibchen schneiden, mit Haselnüssen, Weinbeeren, Honig, Zimt, Zitronenschale und Sauerrahm vermengen. Die Rhabarbermasse auf den Strudelteig verteilen, Ränder einschlagen und einrollen. Den Strudel in eine gut ausgebutterte Bratrein (viereckiger Bräter) legen.
Mit Butter den Strudel bestreichen.
Backzeit etwa 30 – 40 Min. bei 180/200 Grad.
Während des Backens mehrmals mit Butter bestreichen. Nach 15 Min. Backzeit den Strudel mit warmer Milch übergießen, etwa 15/20 Min. weiterbacken. Die Milch muß nach dem Backen eingezogen sein. Am besten wird er heiß serviert.
Apfel–, Zwetschgen– und Kirschstrudel ebenso zubereiten, nur jeweils die diversen Früchte.

Memminger Zuckerbrot

800 g Weizenvollkornmehl
3/8 l Milch
80 g Butter
40 g Hefe
100 g Honig
50 g Zitronat
1 abger. Zitronenschale
1 Prise Vollmeersalz
3 Eßl. Kirschwasser
1 Eigelb

Das frisch gemahlene Vollkornmehl in eine Schüssel geben, Mulde eindrücken, Hefe mit etwas lauwarmer Milch darin auflösen. Mit etwas Mehl vermengt als Vorteig 15 Min. zugedeckt gehen lassen.

Honig mit der restlichen Milch leicht erwärmen, mit den übrigen Zutaten zu einem Teig kneten. Zugedeckt 15 Min. stehen lassen. Nun schneidet man den Hefeteig in 10 – 12 Teile, wellt diese ca. 1 cm dick aus. Die Fladen werden zur Hälfte gefaltet und in eine gebutterte Kastenform mit der Öffnung nach oben nebeneinander gereiht. Nochmals zugedeckt etwa 15 Min. an einem warmen Ort gehen lassen. Nun wird das Brot der Länge nach auf halbe Tiefe mit einem Messer eingeschnitten. Wiederum eine halbe Std. zugedeckt gehen lassen. Das Brot mit Eigelb bestreichen und bei 170 Grad ca. 45 Minuten backen.

Gebackene Mäusle (Zimtkräpfle)

500 g Weizenvollkornmehl
100 g Honig
80 g Butter
50 g Hefe
1/2 Teel. Vollmeersalz
1/4 l lauwarme Milch
1 Ei
3 Eigelb
1 Eßl. Kirschwasser
1 MS Vanille
1 Teel. Zimt
1 abgeriebene Zitrone
Cocofit zum Ausbacken

Hefeteig zubereiten wie bereits beschrieben (S. 172). Er muß gut geschlagen werden, er muß leicht Blasen werfen und ein feines, seidiges Aussehen haben.

Den Teig mit einem Eßlöffel – zuvor in Öl tauchen – ausstechen, ins heiße Backfett geben und von allen Seiten hellbraun ausbacken.

Die Kräpfle vom Fett abtropfen lassen und mit rohem Beerenmus servieren.

Erdbirabrot–Kartoffelbrot

500 g Weizenvollkornmehl
100 g Honig
60 g Butter
50 g Hefe
400 g gekochte Kartoffeln
1 Teel. Kräutersalz
100 g Weinbeeren
ca. 1/8 l Milch
1 ganzes Ei
2 Eidotter
2 MS Vanillgewürz
1 abgeriebene Zitrone
60 g Sesam zum Bestreuen

Das Vollkornmehl in eine Schüssel geben, Mulde eindrücken, aus Hefe und etwas lauwarmer Milch einen Vorteig bereiten, mit Mehl bestäuben, zugedeckt gehen lassen. Kartoffeln werden in der Schale gekocht, gepellt, durch den Spätzlesdrücker gepreßt. Nun sämtliche Zutaten beifügen, mit Ausnahme der 2 Eigelbe und der Rosinen, und zu einem festen glatten Teig verkneten. Zugedeckt etwa 1/2 Std. gehen lassen. Nun die Rosinen in den Teig einarbeiten. Dann zwei Laibe formen oder auch in Kipfenform. Mit dem Teigschluß nach unten auf ein gefettetes Backblech legen. Nochmals zugedeckt 30 Min. gehen lassen. Vor dem Backen Eigelb zerklopfen, Brotlaib bestreichen und mit Sesam bestreuen. Mit einer Gabel reihenweise einstechen. Bei 180 Grad ca. 45 Minuten backen.

Biberacher Kräpfle

250 g Butter
250 g Weizenvollkornmehl
2 Eier – getrennt
ca. 4 Eßl. Wasser
1 Prise Vollmeersalz
1 abger. Zitronenschale
2 MS Vanille
Hägemark mit Honig
   gesüßt (Hagebuttenmus)

Aus Vollkornmehl, 1 Eigelb, Wasser, Vollmeersalz, Zitronenschale und Vanille einen Teig kneten. Diesen etwa 1/2 Std. kühl stellen. Dann auswellen und die kleingeschnittenen Butterflocken darauf verteilen. Von beiden Seiten her zur Mitte einschlagen und noch von oben nach unten, auswellen, ca. 20 Min. ruhen lassen. Diesen Vorgang noch 2 x wiederholen. Den Teig 1/2 cm dick auswellen, runde Laible ausstechen, ca. 10 – 12 cm ø, die Ränder mit Eiweiß bestreichen. In die Mitte einen Teel. Hägemark setzen. Die eine Teighälfte darüber schlagen. Die Kräpfle mit dem restl. Eigelb bestreichen und im vorgeheizten Rohr bei ca. 200 Grad 20 Minuten backen.

Schneckennudeln

Hefeteig–Zutaten:
500 g Vollkornmehl
1/2 Teel. Vollmeersalz
1/4 l lauwarme Milch
40 g Hefe
100 g Butter
80 g Honig
3 Eigelb

Füllung:
50 g zerlassene Butter zum Bestreichen
100 g Rosinen
60 g Honig
1 Teel. Zimt

Aus den Hefeteigzutaten einen feinen Hefeteig herstellen. Nachdem der Teig gut gegangen ist, ausrollen (Rechteck), mit zerlassener Butter bestreichen.
Rosinen mit Honig und Zimt vermengen und auf den Teig streuen. Teig einrollen, in 4 cm breite Stücke schneiden. Auf ein gefettetes Backblech legen, Schneckennudeln mit Eigelb bestreichen.
Bei 180 Grad etwa 25 – 30 Min. backen.

Kirchweihnudeln

Hefeteig:
500 g Weizenvollkornmehl
1 Prise Vollmeersalz
40 g Hefe
1/4 l Milch
2 Eier
Schale einer abgeriebenen Zitrone
3 Eßl. Honig
3 Eßl. Butter
100 g Rosinen
ca. 750 g Cocofit

Aus den Zutaten einen Hefeteig bereiten. Zuletzt die gewaschenen Rosinen einarbeiten. Teig gehen lassen. Aus dem Teig ca. 10 gleich große Stücke schneiden. Mit bemehlten Händen Nudeln formen. Nochmals auf bemehltem Brett zugedeckt gehen lassen.
Mit der Unterseite nach oben im heißen Backfett beidseitig goldbraun backen.
Backzeit ca. 8 – 10 Minuten bei 200 Grad.

Süße Weckle

500 g Weizenvollkornmehl
1 Prise Vollmeersalz
40 g Hefe
1/4 l lauwarme Milch
2 Eier
Schale einer Zitrone
3 Eßl. Butter
3 Eßl. Honig
100 g Rosinen
150 g grobgehackte Haselnüsse
1 Eigelb

Zubereitung wie Kirchweihnudeln (S. 163), nur noch Haselnüsse in den Teig einarbeiten. Eine Rolle formen, daraus 10 gleiche Teile schneiden. Wecken formen. Backzeit: ca. 8 – 10 Minuten bei 200 Grad.

Mürbe Seelen

750 g Weizenvollkornmehl
30 g Hefe
1 Tasse lauwarme Milch
3 Eßl. Honig
2 Eier
250 g Butter
1 Prise Vollmeersalz
1 abgeriebene Zitrone
100 g Weinbeeren
2 Eigelb

Vollkornmehl in eine Schüssel geben, Hefe in etwas Milch auflösen, in die eingedrückte Mulde geben, 15 Min. gehen lassen. Die restlichen Zutaten beigeben und den Teig gut kneten. Nochmals 15 Min. zugedeckt gehen lassen. Teig nochmals kurz kneten. In 20 gleichmäßige Stücke teilen und längliche Wecken formen. Auf ein gefettetes Backblech setzen und bei 200 Grad ca. 1/2 Std. backen.

Zum Bild auf Seite 165: Der typisch schwäbische Pfitzauf (S. 70) schmeckt am besten mit rohem Beerenmus.

Feigenkugeln

100 g geschälte Mandeln
500 g getrocknete Feigen
2 Eßl. Rum
Butter zum Fetten

Mandeln auf einem Backblech verteilen, im vorgeheizten Ofen bei 220 Grad zehn Minuten rösten, Blech ab und zu rütteln. Die Hälfte der Mandeln fein hacken. Feigen zerkleinern, durch die feine Scheibe des Fleischwolfs drehen. Rum darunterrühren. Mit gefetteten Händen aus der Masse Kugeln von etwa drei Zentimeter Durchmesser formen, dabei in jede Kugel eine Mandel einhüllen. Kugeln in den gehackten Mandeln wälzen, auf ein mit Back- oder Pergamentpapier bedecktes Backblech legen und 24 Stunden trocknen lassen.

Feiner Mürbteig

450 g Weizenvollkornmehl
300 g Butter
180 g geriebene Mandeln
6 Eßl. Honig
1 Ei
Saft und Schale einer Zitrone
1 MS Sternanis, gem.
1 MS Fenchel, gem.

Mehl, Butter, geriebene Mandeln gut verbröseln, mit allen übrigen Zutaten rasch einen Teig herstellen. 2 Std. kühl ruhen lassen.

Zum Bild auf Seite 166: Der Honig-Walnußkuchen (S. 170) enthält fast ebensoviel Nüsse wie Mehl.

Honigkuchen

200 g Butter
500 g Honig
3 Eier
600 g Weizenvollkornmehl
4 Teel. Backpulver
200 g abgezogene Mandeln
50 g Zitronat (gewürfelt)
1 abger. Zitrone
3 Teel. gemahlenen Zimt
2 gestr. Teel. gemahlene Nelken
1 Eigelb zum Bestreichen
50 g abgezogene Mandeln

Butter u. 400 g Honig in einen Topf geben und unter Rühren erhitzen. Auskühlen lassen. Inzwischen die Eier mit dem restl. Honig gut schaumig quirlen, ca. 6 Min. mit Rührgerät. Dann einen Teil Vollkornmehl nach und nach zugeben, daß sich der Teig gerade noch rühren läßt. Nun das abgekühlte Honig–Butter–Gemisch langsam unterrühren (Knethaken). Das restliche Vollkornmehl und Backpulver unter den Teig rühren. Mandeln mahlen oder fein hacken. Mandeln, Zitronat, Zitronenschale, Zimt und Nelken mit dem Teig gut verkneten. Den Teig in der Schüssel mit Folie abgedeckt 1 – 2 Tage ruhen lassen. Dann ein Backblech einfetten und den Teig darauf verstreichen. Mit einem Messer etwa 30 rechteckige Stücke vorzeichnen. Eigelb verquirlen und den Teig damit bestreichen. Jedes vorgezeichnete Kuchenstück mit vier Mandelhälften sternförmig verzieren. Den Honigkuchen im vorgeheizten Backofen bei 175 Grad 40 Minuten backen. Den warmen Kuchen sofort nach dem Backen in die vorgezeichneten Stücke schneiden. Vom Blech nehmen und auf einem Kuchengitter auskühlen lassen.

Augsburger Schmalzzöpfle

300 g Weizenvollkornmehl
80 g Butter
100 g Honig
1 MS Vanille
2 Eier
Schale einer Zitrone
1 Prise Vollmeersalz
Cocofit zum Ausbacken

Sämtliche Zutaten rasch zu einem mürben Teig verkneten und ca. 1/2 Std. ruhen lassen. Dann gleichmäßige kleine Stücke schneiden, dreht diese zu ca. 12 cm langen Würstchen und flechtet aus je drei Streifen kleine Zöpfchen. Sie werden in heißem Fett schwimmend goldbraun ausgebacken.

Biskuitrolle

200 g Weizenvollkornmehl
150 g Honig
2 Eier
1 Teel. Backpulver
4 Eßl. heißes Wasser
1/2 Teel. gem. Fenchel und Anis
1 Prise Vollmeersalz
200 g honiggesüßte Marmelade

Die Eidotter mit 4 Eßlöffel siedendem Wasser sehr schaumig schlagen, dann löffelweise Honig mitschlagen bis zu einer schönen cremigen Masse. Vollkornmehl, Gewürze und Backpulver auf die Schaummasse sieben, das sehr steif geschlagene Eiweiß daraufgeben und alles vorsichtig miteinander vermischen. Das Backblech mit einem befetteten Pergamentpapier belegen und die Masse gleichmäßig darauf verteilen. Bei guter Hitze (225 Grad) rasch backen (10 – 12 Min.). Nach dem Backen sofort auf ein Küchentuch stürzen, rasch mit Marmelade bestreichen und zusammenrollen. Wenn Sie mit Creme füllen wollen, dann muß der Biskuit auskühlen. Sie brauchen sich aber nicht mit dem Einrollen abmühen. Schneiden Sie nach dem Stürzen 2 oder 4 Teile, lassen Sie diese auskühlen, bestreichen Sie 2 davon mit Creme und legen Sie die Teile aufeinander.

Pfaffenhütchen

350 g Weizenvollkornmehl
100 – 150 g Honig
150 g Butter
60 g gerieb. Haselnüsse
3 bittere Mandeln
2 Eier

Füllung:
mit Honig gesüßtes Hägemark (Hagebuttenmus)
1 Eigelb zum Bestreichen
gehackte Mandeln zum Bestreuen

Aus den genannten Zutaten rasch einen Teig herstellen. 1/2 Std. kühl stellen. Dann auf bemehlter Fläche auswellen. Mit runder Form, etwa 8 cm ø, ausstechen. In die Mitte gibt man je einen Teel. Hägemark. Den Teig an drei Stellen einkneifen, daß er sich zu einem Dreieck hochklappt.
Die Pfaffenhütchen mit dem Eigelb bestreichen und den gehackten Mandeln bestreuen.
Backzeit: ca. 15 Min. bei 180 – 200 Grad.

Ulmer Kuchen

200 g Honig
150 g Weizenvollkornmehl
100 g zerlassene Butter
80 g Rosinen (Weinbeeren)
8 Eigelb
6 Eiweiß
1 MS Vanille
1 abger. Zitrone

Eigelb mit Honig, Zitronenschale und Vanille schaumig rühren, den steifgeschlagenen Eischnee dazugeben und mit dem Kochlöffel das sehr fein gemahlene Vollkornmehl einrühren. Nun die zerlassene Butter und die gewaschenen, abgetropften Weinbeeren.
Die Masse in eine gut gefettete Ulmer Form, dreiviertel hoch einfüllen, bei 170 Grad etwa 45 – 50 Min. backen. Probe mit dem Holzstäbchen.
Die Ulmer Form ist eine halbkugelige Metallform ohne Rippen. Die Form sollte einen Durchmesser von 20 cm und 10 cm Höhe aufweisen.
Durch die Rindenoberfläche wird dem Kuchen eine besondere Geschmacksnote offeriert.

Honig–Walnußkuchen   (Abbildung: S. 166)

200 g grob gehackte Walnüsse
400 g Honig
250 g Weizenvollkornmehl
4 Eier – getrennt
2 Eßl. heißes Wasser
1 Teel. Zimt
2 MS Vanille
2 Teel. Backpulver
1 Prise Muskat
abgerieb. Schale einer
halben Zitrone

Eigelb mit 2 Eßl. heißem Wasser schaumig schlagen, Honig zugeben, schaumig rühren. Vollkornmehl mit Backpulver vermengt, ebenso Zimt, Muskat, Vanille- und Zitronenschale zugeben, gut durchrühren. Nun noch die Walnüsse beifügen. Zum Schluß den steifgeschlagenen Eischnee unterheben. In der Kastenform 1/2 Std. bei 170 Grad, dann mit Alufolie abdecken und bei 150 Grad weiterbacken ca. 50 Min.

Hafermehl–Kekse

250 g frisch gem. Hafermehl
70 g Butter
150 g gerieb. Haselnüsse
100 g Birnex oder Honig
4 – 5 Eßl. Milch
1 Teel. Vanille
1 gestr. Teel. Backpulver
1/2 Teel. gem. Anis u. Fenchel

Hafermehl mit Backpulver vermischen, mit der Butter abbröseln und mit allen übrigen Zutaten einen Teig herstellen. Ausrollen und Kekse ausstechen. Mit Milch bestreichen und bei guter Hitze 10 – 15 Minuten backen.

Hafer–Kekse

250 g frisch gem. Hafermehl
70 g Butter
100 g Honig
4 Eßl. Milch
150 g gerieb. Haselnüsse
2 MS Vanillegewürz
1 Teel. Weinstein Backpulver
1 Teel. gem. Anis
Kokosflocken

Das Hafermehl mit Backpulver vermengen, weiche Butter einbröckeln und mit den restlichen Zutaten kneten.
1/4 Std. kühl ruhen lassen. Auf bemehlter Arbeitsfläche ausrollen. Mit Milch bestreichen und mit Kokosflocken bestreuen. Bei 180 Grad 10 – 15 Minuten backen lassen.

Zitronen–Nußbrötle

2 Eiweiß
350 g Honig
400 g gem. Haselnüsse
70 g Korinthen – ungeschwefelt)
Saft u. Schale von 2 Zitronen
3 Eßl. Sesamsaat

Eiweiß steif schlagen, Honig dazugeben, nochmals gut schlagen. Dann Zitronensaft und Zitronenschale, sowie die Haselnüsse, Korinthen u. Sesamsaat zugeben. Die Teigmasse nun mindestens 1/2 Std. kühl ruhen lassen. Backblech mit Pergamentpapier auslegen, etwas mit Fett bepinseln. Mit einem Löffel kleine "Nockerl" formen, auflegen.
Backzeit ca. 25 Minuten bei 175 Grad.

Hefezopf

750 g Vollkornweizenmehl
40 g Hefe
1/4 l Milch
1 Ei
100 g Honig
Butter
100 g Weinbeeren
Saft u. abgeriebene
Schale einer Zitrone
40 g Zitronat
75 g Sonnenblumenkerne

Zum Bestreichen:
1 Eigelb
1 Eßl. Sesam zum Bestreuen

Hefe mit wenig lauwarmer Milch anrühren und in die eingedrückte Mulde des frisch gemahlenen Vollkornmehls geben. 15 Min. abgedeckt gehen lassen. Die restlichen Zutaten über dem Mehl verteilen, gut kneten und abermals 1/2 Std. gehen lassen. Nochmals kurz durchkneten. Teig in 3 gleich große Stücke teilen und zu je einer Rolle formen und einen Zopf flechten. Mit Eigelb bestreichen und mit Sesam bestreuen. 10 Min. ruhen lassen. Im vorgeheizten Rohr bei 200 Grad etwa 40 – 45 Minuten backen.

Hirse–Gutsle

250 g Butter
80 g Honig
2 Eier
200 g feingemahlene Hirse
50 g Weizenvollkornmehl
1 gehäufter Teel.
Weinstein–Backpulver
50 g gehackte Rosinen
1 MS Vanillgewürz
etwas Zimt
100 g Sesamsaat
etwas kaltgepreßtes Öl

Aus Butter, dem Honig und den Eiern eine Schaummasse herstellen. Die feingemahlene Hirse, das Weizenvollkornmehl und das Backpulver in die Schaummasse einrühren. Danach werden die gehackten Rosinen untergehoben. Die Teigmasse wird anschließend mit Vanille u. Zimt abgerundet. Das Backblech wird mit Öl eingepinselt. Darauf werden mit einem Spritzbeutel und glatter Spritztülle kleine Häufchen auf das Blech gesetzt. Die Plätzchen werden dann mit den ungeschälten Sesamkörnern bestreut. Im Backofen werden sie bei mittlerer Hitze etwa 10 – 15 Min. gebacken. Nach der Backzeit die Plätzchen vom Blech nehmen und auf einem Kuchengitter auskühlen lassen. Diese Mengenangaben ergeben ca. 30 Plätzchen.

Hirseschnitten

500 g Hirsemehl
220 g Honig
130 g Butter
3 Eier – getrennt
1/8 l Milch
2 Teel. Weinstein–Backpulver
2 MS Vanillgewürz
Saft 1/2 Zitrone
1 Teel. Anis mit der Hirse mahlen

Butter, Honig und Eidotter sehr schaumig rühren, das mit Backpulver vermischte Hirsemehl und die übrigen Zutaten einrühren. Zuletzt den steif geschlagenen Schnee unterziehen, auf ein Blech streichen und bei 220 Grad 20 – 25 Minuten backen.

Sie können die Hälfte der Schnitten mit einer Haselnußcreme bestreichen, die 2. Hälfte darauflegen und obenauf mit Schlagobers verzieren.

Als Füllung eignet sich ebenso kaltgerührte Beerenmarmelade.

Honigbrötle

2 Eier
250 g Honig
60 g geriebene Mandeln
50 g fein gehackte Rosinen
Schale einer abgeriebenen Zitrone
375 g Weizenvollkornmehl
1 Teel. Zimt
1 MS gem. Nelken
1 gehäufter Teel. Weinstein–Backpulver
1 Ei zum Bestreichen

Eier mit dem Honig schaumig rühren, die restlichen Zutaten beigeben und einen Knetteig herstellen. Auf bemehlter Arbeitsfläche auswalken.

Mit beliebigen Formen ausstechen. Auf ein mit Pergament ausgelegtes, gefettetes Backblech legen. Ca. 2 Std. kühl stellen, dann mit verquirltem Ei bestreichen, bei 180 – 200 Grad ca. 15 Min. backen.

Anisbrot

6 Eier
200 g Honig
1 EßI. Anis
geriebene Schale
u. Saft einer halben
Zitrone
250 g Weizenvollkornmehl

5 Eigelb, 1 ganzes Ei, Honig, Zitronensaft und Schale 20 Min. schaumig rühren, dann Anis und Vollkornmehl unterziehen. Zum Schluß die 5 steifgeschlagenen Eischnee unterheben.
Eine mit Butter ausgefettete Kastenform damit füllen und bei mittlerer Hitze ca. 45 Min. hellgelb backen.
Nach völligem Erkalten (am besten tags darauf) in Scheiben schneiden, bei Oberhitze auf trockenem Backblech leicht rösten. Schmeckt herrlich zum Nachmittagstee oder auch zum Sonntagsfrühstück z.B. mit Butter.

Sesambusserl

150 g Butter
150 g Honig
1 Ei
250 g Weizenvollkornmehl
2 EßI. Milch (falls nötig)
100 g Feigen – getrocknet
100 g Sesam
1 MS gem. Anis
1 MS gem. Muskat

Butter, Honig und Ei schaumig rühren. Vollkornmehl und Milch einrühren. Die Feigen klein schneiden, Sesamsamen und Gewürze unterziehen. Auf ein Backblech mit Teelöffel Häufchen setzen und im vorgeheizten Rohr ca. 10 – 16 Min. backen (200 Grad).

Gelbe–Rüben–Gugelhupf

6 Eier – getrennt
5 Eßl. heiße Milch
300 g Honig
4 Eßl. Kirschwasser
2 Teel. Backpulver
150 g Weizenvollkornmehl
300 g Haselnüsse
300 g gelbe Rüben (Karotten)
20 g Butter
Vollkornsemmelbrösel

Eigelb mit heißer Milch schaumig schlagen, dann Kirschwasser und Honig dazugeben. Nochmals einige Minuten gut rühren. Nun fügt man das mit Backpulver vermengte Vollkornmehl hinzu, gibt die feingeraspelten gelben Rüben und die geriebenen Haselnüsse hinzu, durchrühren. Zum Schluß hebt man vorsichtig den steifgeschlagenen Eischnee darunter. In eine gut ausgefettete mit Vollkornsemmelbrösel ausgestreute Gugelhupfform füllen. Im vorgeheizten Ofen etwa 45 Min. bei 180 Grad backen.
Probe mit dem Holzstäbchen.

Käsekuchen

Teig: Quark–Ölteig
*Runde ausgefettete, ausgebröselte
Form auslegen.*

Quarkmasse:
50 g Butter
100 g Honig
4 Eier – getrennt
750 g Quark
1 MS Vanillegewürz
1 abgeriebene Zitronenschale
100 g Rosinen

Butter, Eigelb und Honig schaumig rühren. Quark, Rosinen, Vanillegewürz und Zitronenschale daruntermengen. Zuletzt den Eischnee unterheben. Quarkmasse auf den Tortenboden füllen.
1 Eigelb mit 1 Teel. Honig und einem Eßl. Sahne glattrühren und über den Quarkbelag streichen.
Backzeit: 3/4 Std. bei etwa 200 Grad.

Bubenschenkel

500 g Weizenvollkornmehl
1 Prise Vollmeersalz
1/4 l lauwarme Milch
3 Eßl. Honig
30 g Butter
2 Eier
40 g Hefe
Schale einer abgeriebenen Zitrone

Hefe mit Honig, Salz, etwas Milch auflösen, zum Vollkornmehl geben, mit den übrigen Zutaten sofort zu einem Teig verarbeiten. Teig zugedeckt etwa 20 Min. gehen lassen. Den Teig 4 – 5 mm dick auswalken und Rechtecke schneiden (ca. 3 cm x 7 cm). Bei der schmalen Seite schneidet man in der Mitte bis zur Hälfte der langen Seite ein. Zieht die Teigschenkel etwas auseinander. 10 Min. gehen lassen. Im schwimmenden Fett ausbacken. Mit erwärmtem Honig bepinseln und mit Kokosflocken bestreuen; oder auf ein gefettetes Backblech legen, mit Eigelb bestreichen und im vorgeheizten Rohr backen. Sind die Bubenschenkel fertig, mit erwärmten Honig bestreichen und mit Kokosflocken bestreuen.

Heidelbeerbrot

150 g Heidelbeeren
300 g Weizenvollkornmehl
2 Teel. Backpulver
1 Teel. Natron
1 Prise Vollmeersalz
1 Prise Muskat – gemahlen
100 g Butter
70 g Demeter Haferflocken
100 g Honig
1/4 l Milch
2 Eier
150 g Walnüsse, grob gehackt
1 mittlerer Apfel, feingeraspelt

Vollkornmehl, Haferflocken, Backpulver, Natron, Vollmeersalz und Muskat in einer Schüssel vermengen. Die weiche Butter mit dem Honig schaumig rühren, mit den Eiern und der Milch vermengen. Nochmals gut rühren.
In das Vollkornmehl drücken wir eine Mulde ein und geben das Butter-Eier-Honig-Milchgemisch hinzu. Alles zu einem zähen Teig kneten. Nun gibt man die Nüsse, den Apfel und die gewaschenen abgetropften Heidelbeeren dazu, kurz vermengen.
Den Teig in eine ausgebutterte Kastenform geben, bei 175 Grad etwa 60 Min. goldbraun backen. Auskühlen und 1 Tag ruhen lassen, dann mit Butter servieren.

Carolinensterne

300 g feingemahlener Dinkel
100 g feingeriebene Haselnüsse
150 g Honig
150 g Butter
1 Teel. Weinstein–Backpulver
eine abgeriebene Zitronenschale
1 MS Vanillgewürz

Belag:
4 Eier
200 g Honig
1 MS Vanillgewürz
Schale einer halben abgerieb. Zitrone
1 Teel. Agar–Agar
400 g gerieb. Haselnüsse

Aus dem Dinkelmehl, Honig, der Butter, sowie Backpulver, Zitronenschale und Vanillgewürz rasch einen Teig herstellen und ca. eine halbe Stunde kühl stellen. Teig ca. 1/2 cm dick auswellen, dabei die Haselnüsse als Streumehl verwenden. Sterne ausstechen und auf ein leicht gefettetes Backblech legen.
Für die Zubereitung des Belags wird das Eiweiß steif geschlagen, gibt dann den Honig, die Zitronenschale und das Vanillgewürz hinzu und schlägt weiter, bis sich die Masse cremig – steif zeigt. Nun die Eigelbe dazugeben und weitere 15 Minuten schlagen. Die Haselnüsse und das gemahlene Agar – Agar untermischen. Diese Masse auf die Teigsterne verteilen.
Backzeit: ca. 10 Minuten bei 175 Grad.

Kaffeeküchle

1/4 l Milch
60 g Butter
1 Prise Vollmeersalz
125 g Weizenvollkornmehl
4 Eier
1 Teel. Backpulver
3 Teel. Honig
1/4 l Rahm (süße Sahne)

Milch, Butter und Vollmeersalz werden zum Kochen gebracht, das Vollkornmehl eingerührt, bis sich die Masse zu einem Kloß bildet, den Topf von der Flamme nehmen, sofort 1 Ei und den Honig dazugeben. Abkühlen lassen und die restlichen Eier dazugeben, sowie das Backpulver. Mit 2 Eßl. Klößchen abnehmen, auf gefettetes Backblech setzen. Bei 200 Grad etwa 35 Min. backen. Auskühlen lassen, aufschneiden und mit geschlagenem Rahm füllen, Deckel aufsetzen.

Mix – Getränke

Milch–Mix–Getränke und Sauermilch–Drinks – die alternativen Aperitifs. Besonders an warmen Sommertagen sind sie eine Gaumenfreude. Versuchen Sie doch mal einen mit frischen Kräutern und Gemüse zubereiteten alternativen Aperitif vor einem leckeren Vollwertmenü.

Grundrezept

1/4 l saure Sahne
1/8 l Schwedenmilch
1/8 l frische Milch
diverse Gemüse, Kräuter und Gewürze

Die Milchmischung mit einem Schneebesen glattrühren, das Gemüse und Kräuter durch den Fleischwolf drehen (grobe Scheibe), vermengen und pikant würzen.
Gut eignet sich auch ein Mixgerät, in dem alles fein zerkleinert und gemixt wird.

Rettich–Drink

Gemüsezutaten:
200 g Rettich
Gewürzzutaten:
Petersilie, Liebstöckel, Schnittlauch
Senf, Vollmeersalz
Brecht's Delikata

Sauerampfer–Drink

Gemüsezutaten:
20 g Sauerampferblätter
1 mittelgroßer Apfel
Gewürzzutaten:
Brecht's Selleriesalz
Pfeffer, ein Hauch Curry

Zum Bild auf Seite 179: Mit Salaten serviert schmecken die Grünkernküchle "Schwäbische Alb" (S. 101) besonders gut.

Karotten–Drink

Gemüsezutaten:
200 g gelbe Rüben (Karotten)
Gewürzzutaten:
2 Teel. Mandelmus, Saft einer Zitrone
Zitronenmelisse, Honig nach Belieben

Gurken–Drink

Gemüsezutaten:
1/2 Salatgurke mit Schale
Gewürzzutaten:
Borretsch, Dill, Senf
Vollmeersalz, Brecht's Endoferm

Kräuter–Drink

Gemüsezutaten:
Petersilie, Dill, Schnittlauch
Lauch, Borretsch, Bohnenkraut
1/2 Zwiebel
Gewürzzutaten:
Brecht's Selleriesalz und Delikata

Drink "Rotes Liesle"

Gemüsezutaten:
200 g Randich (rote Beete)
1 Eßl. Leinsamen
Gewürzzutaten:
Dill, Kümmelpulver, Knoblauch
Vollmeersalz, Pfeffer

Kohlrabi–Drink

Gemüsezutaten:
150 g Kohlrabi
eine Handvoll Spinatblätter
Gewürzzutaten:
Meerrettich, Paprika, Vollmeersalz

Fenchel–Drink

Gemüsezutaten:
100 g Fenchel
1 Apfel
50 g Haselnüsse
Saft einer halben Zitrone, Brecht's Kräutersalz
Fenchelgrün, Brecht's Chinagewürz

Zum Bild auf Seite 180: Der feine Käsesalat
(S. 125) ist eine interessante Kombination von
Gouda, Bananen und Pfifferlingen.

Drink "Gartengeflüster"

Gemüsezutaten:
100 g Sellerie
100 g gelbe Rüben (Karotten)
Gewürzzutaten:
Petersilie, Zitronenmelisse
Saft einer halben Zitrone
Brecht's Kräutersalz, Pfeffer

Drink "Dorle"

Gemüsezutaten:
1 rote Paprikaschote
75 g Lauch
1 mittelgroße gelbe Rübe (Karotte)
Gewürzzutaten:
Petersilie, Bohnenkraut, Liebstöckel
Brecht's Selleriesalz, Knoblauch, Senf

Joghurt–Variationen

Honig–Joghurt

1 Becher Bioghurt
2 Teel. Honig
1 Eßl. Leinsamen – ganz
1 Teel. Zitronensaft

Sämtliche Zutaten vermengen, in ein Glasschälchen füllen und mit 1 Teel. Leinsamenschrot bestreuen.

Früchte–Joghurt

1 Becher Bioghurt
1/2 Orange
1/2 Banane
60 g Heidelbeeren
2 Teel. Honig
1 MS Vanillgewürz

Orange in feine Würfel schneiden, Banane in feine Scheibchen und mit den Heidelbeeren, Honig, Joghurt und Vanillgewürz vermengen.
Anrichten und mit Früchten garnieren. Hierzu können auch andere Beeren und Früchte verwendet werden.

Sanddorn–Joghurt

1 Becher Bioghurt
3 Teel. Sanddorn
(Vollfrucht ungesüßt)
1 Eßl. gekeimter Dinkel
1 Teel. Honig

Alle Zutaten vermengen, in ein Glasschälchen füllen.

Hägemark–Joghurt

1 Becher Bioghurt
1 Eßl. Honig
2 Eßl. rohes ungesüßtes
   Hägemark (Hagebuttenmus)
1 Eßl. grob gehackte Haselnüsse

Sämtliche Zutaten vermengen und servieren.

Karotten–Joghurt

1 Becher Bioghurt
1 mittelgr. gelbe Rübe (Karotte)
1 Eßl. Rahm (süße Sahne)
1 Eßl. Leinsamen
1 Schuß Zitronensaft
wenig Pfeffer
Vollmeersalz

Die gelbe Rübe fein raspeln, mit Zitronensaft beträufeln, dann restliche Zutaten zugeben, umrühren und servieren.

Milchmixgetränke (Grundrezept)

125 g frische oder tiefgekühle Früchte
Honig nach Geschmack
1/8 l Rahm (süße Sahne)
1/8 l Milch

Früchte im Mixer pürieren, abschmecken mit Honig, mit Rahm (süße Sahne) und Milch vermengen.

Träublesmilch

125 g Trauben

Wie Grundrezept, jedoch mit Trauben.

Erdbeermilch, Himbeermilch, Pfirsichmilch

wie Grundrezept
als Gewürzkomponente:
1 MS Vanillgewürz, wenig Zitronensaft

wie Grundrezept

Kirschmilch

wie Grundrezept
als Gewürzkomponente:
1 MS Vanillgewürz, 1 MS Zimt

wie Grundrezept

Milch mit Hägemark (Hagebuttenmus)

4 Eßl. Hägemark
Honig, Zitronensaft
1/8 l Rahm (süße Sahne)
1/4 l Milch

Hägemark mit Zitronensaft, Honig verrühren und mit Rahm und Milch vermengen.

Mus und Marmelade

Gerade von Gartenfreunden hört man immer wieder, daß sie nicht wissen, was sie mit dem vielen Obst machen sollen, das alles zur gleichen Zeit reif wird.

Es wäre schade, das biologisch gezogene Obst mit viel Zucker und langen Kochzeiten zu entwerten. Deshalb zeigen wir hier, wie Sie gesunde Marmelade und Mus herstellen können.

Kaltgerührte Marmelade

500 g Früchte
  (z.B. Erdbeeren, Stachelbeeren,
  Brombeeren usw.)
150 g Honig
2 Eßl. Agar–Agar

Hierzu verwenden wir vorwiegend Beerenfrüchte, frisch geerntet oder tiefgekühlt. Bei eingefrorenen Früchten den beim Auftauen entstandenen Saft mitverwenden. Die kalt gerührte Marmelade ist im Kühlschrank aufbewahrt etwa 3 Wochen haltbar.
Früchte, Honig und Agar–Agar im Mixgerät pürieren. Die Fruchtmasse auf der Herdplatte etwa auf 40 Grad erwärmen, abfüllen und abkühlen lassen.

Aus Trockenfrüchten

250 g ungeschwefelte Pflaumen
250 g ungeschwefelte Aprikosen
2 Eßl. Agar–Agar

Trockenfrüchte über Nacht in Wasser einweichen. Das Wasser sollte die Früchte bedecken.
Die aufgequollenen Früchte samt restl. Wasser mit Agar–Agar im Mixer pürieren und wie vorstehende Marmelade erwärmen. Bei Trockenfrüchten ist Honig nicht nötig.

Rohes Zwetschgenmus

500 g Zwetschgen
300 g hellen Honig
Schale und Saft einer
abgeriebenen Zitrone
1 EßI. Delifrut

Zwetschgen waschen, entsteinen. Mit dem Honig, Zitronensaft und Schale sowie Delifrut mit dem Mixer pürieren.

Dieses Rezept kann auch für verschiedene Beerenarten, wie Erdbeeren, Himbeeren, Brombeeren angewandt werden.

Auch aus Holder (Holunder) kann ein herrliches rohes Mus bereitet werden.

Hägemark (Hagebuttenmarmelade)

750 g Hagebutten
1/4 l Weißwein
500 g heller Honig
2 EßI. Agar–Agar

750 g Hagebutten werden entstiehlt, halbiert und entkernt. Man gibt sie in einen Steinguttopf und vermischt die Hagebutten mit reichlich 1/4 l Weißwein.

Zugedeckt eine Woche kühl stellen, wobei die Hagebutten täglich umgerührt werden müssen.

Dann die Masse durch ein Sieb passieren. Etwa 500 g hellen Honig dazugeben und 2 gut gehäufte EßI. Agar–Agar, gut vermengen. Die Masse in einem Topf auf 40 Grad erwärmen und in Gläser abfüllen.

Im Kühlschrank ca. 3 Wochen haltbar.

Register

Allgäuer Käseknöpfle 62
Allgäuer Nonnenfürzle 70
Angemachter Bierkäse 127
Angemachter Käse 127
Anis 29
Anisbrot 174
Aniszöpfle 146
Apfelflädle 77
Apfel "Gaby" 145
Apfelmännle 71
Apfelquarkauflauf 75
Apfel-Rosinen-Knöpfle 76
Apfelsalat 144
Apfelspätzle-Apfelspatzen 112
Aufgeschmälzte Brotsuppe 58
Augsburger Schmalzzöpfle 168

Badische Bratäpfel 144
Bauernwecken 147
Biberacher Kräpfle 162
Birnen "Waldgeist" 145
Biskuitrolle 169
Blaukrautsalat mit Rosinen 55
Blaukrautsalat II 55
Blumenkohlsalat 37
Blumenkohl mit Randich 51
Bohneneintopf 116
Bohnen mit Zwiebelmus 91
Bohnensalat mit Pfifferlingen 139
Brennesselsalat 51
Brennsuppe – Brennte Mehlsuppe 60
Brenntar – Schwarz-Mus mit greschte
   Erdäpfel 120
Brombeer-Sahnetorte 156
Brombeerschaum 144
Brot-Käseauflauf 119
Brot und Gebäck 146
Brunnenkresseklöße 62
Brunnenkressesalat 50
Brunnenkressesalat "Illertal" 127
Bubenschenkel 176
Buchweizen 21

Buchweizenflädle 91
Buchweizenkipferl 157
Buchweizenknöpfle 79
Buchweizenküchle 115
Buchweizen überbacken 78
Bunter Kartoffelsalat 133
Butter 24, 27
Buttermilchmischbrot 150
Buttermischungen 134

Carolinensterne 177
Champignon-Nudelauflauf 84
Champignonsalat 41
Champignonsalat (roh) 43
Champignon-Topf 93
Canstatter Kressekäse 129

Desserts 141
Dill-Rahm-Kartoffeln 117
Dinkelklößchen 111
Dinkellaib 148
Dinkelsalat "Neckartal" 131
Dinkelwecken 147
Drink "Dorle" 182
Drink "Gartengeflüster" 182
Drink "Rotes Liesle" 181

Edelpilz-Käseauflauf 106
Eier-Pilz-Näpfle 86
Erbsensalat 48
Erdbirabrot-Kartoffelbrot 162
Estragonbutter 135

Fabrikzucker 22, 23
Feigenkugeln 167
Feine Buchweizentorte 157
Feine Käseknöpfle 59
Feine Käsewecken 101
Feine Kartoffelnudeln 119
Feine Salatsoße Nr. II 56
Feine Wähe 102
Feiner Käsesalat 125

Feiner Mürbteig 167
Feiner Reis-Nuß-Kuchen 158
Feldsalat 49
Fenchel 29
Fenchel-Drink 181
Festlicher Kartoffelsalat 133
Fett 24, 27
Fildersauerkrautauflauf 84
Filderkrautsalat 47
Frischkäse mit grünem Pfeffer 129
Frischkäse mit Paprika 129
Frischkornbrei 17, 18
Früchte-Joghurt 182

Gaisburger Marsch 102
Gebackene Lauchstangen 98
Gebackene Mäusle (Zimtkräpfle) 161
Gedünsteter Weizen 115
Gefüllte Kartoffeln 88
Gefüllte Kohlräble 80
Gefüllte Zwiebeln 92
Gelbe Rüben (Karotten) 38
Gelbe Rüben-Gugelhupf 175
Gelbe Rüben-Sellerie-Salat 49
Gemüse-Küchle 114
Gerste 20
Getreide 19 ff.
Getreidearten 20
Getreidesalat 130
Gewürze für die Weihnachtsbäckerei 28
Gewürzlebkuchen 154
Gewürznelken 29
Gratinierte Stachelbeeren
   "Hohenstaufen" 74
Gratinierter Fenchel 100
Grießauflauf 65
Grießknöpfle 61
Grüne Knöpfle 61
Grüne Krapfen 107
Grünkernknöpfle 57
Grünkernküchle 83
Grünkernküchle "Schwäb. Alb" 101

Register

Grünkernsalat 131
Grünkernsuppe 58
Gurken-Drink 181
Gurken mit Radieschen 38
Gurkensalat 45

Hägemark (Hagebuttenmarmelade) 186
Hägemark-Joghurt 183
Hafer 21
Hafer-Kekse 171
Hafermehl-Kekse 171
Hahnenkammkartoffeln 94
Haselnußauflauf "Ulmer Spatz" 70
Haselnußkuchen 155
Hauptgerichte 78
Hefeknöpfle 114
Hefezopf 172
Heidelbeerbrot 176
Heidelbeerstrudel (Grundrezept) 160
Heilbronner Traubenkuchen 155
Helle Grundsoße 121
Herbstlicher Salat 42
Herrenbrötle 150
Herzhafter Getreidesalat 130
Himbeermilch 184
Hindelanger Hirseküchle 99
Hirse 21
Hirseauflauf 97
Hirseknöpfle 99
Hirseauflauf mit Äpfeln 69
Hirse-Gutsle 172
Hirseküchle 98
Hirseschnitten 173
Holderküchle (Holderblüten gebacken) 65
Holdermus mit Apfelspalten 141
Honigkuchengewürz 29
Honigbrötle 173
Honig-Joghurt 182
Honigkuchen 168
Honig-Walnußkuchen 170
Hutzelbrot 159

Ingwer 30

Jägertopf 88

Joghurt – Variationen 182

Käseauflauf "Isny" 106
Käseauflauf mit Tomaten 105
Käse-Birnen 136
Käsebisquit 60
Käsebrandteigknöpfle 61
Käsekartoffeln 93
Käsekuchen 175
Käsesalat 126
Käsespätzle 112
Käsestangen 153
Käsezöpfle 153
Käse-Zwiebelwähe 100
Kaffeeküchle 177
Kardamom 30
Karottendrink 181
Karotten-Joghurt 183
Kartoffelkrätzet(-schmarren) 118
Kartoffelküchle 116
Kartoffellaible 117
Kartoffelnudeln 111
Kartoffelpudding mit Pilzen 94
Kartoffelpuffer 80
Kartoffelsalat (Grundrezept) 132
Kartoffelsalat mit Sellerie,
    Käse und Nüssen 132
Keimverfahren 18
Kirchweihnudeln 163
Kirschbettelmann 71
Kirschflädle 77
Kirschmilch 184
Klare Gemüsebrühe 59
Kleiner Imbiß 125
Klöße in Sauerampfersoße 91
Kohlrabi-Drink 181
Kohlrabi-Frischkost 52
Kohlrabi-Gelbe Rüben-Rohkost 47
Kohlrabi mit Buchweizenfüllung 87
Kohlrabisalat 45
Koriander 30
Kornthaler Brötle 156
Kräuterbutter I 134
Kräuterbutter II 134
Kräuter-Drink 181

Kräuterkartoffeln 117
Kräutermayonaise 140
Kräuter-Salatsoße Nr. III 56
Kräuterspätzle 107
Krautkrapfen 86
Krautspätzle 107
Krautstrudel 113
Kreßbronner Schüssel 143
Kuchen und Gebäck 154
Kürbis-Gurkensalat 45

Legierte Grünkernsuppe 63
Lebkuchengewürz 30
Linsen 83
Löwenzahnsalat 42

Mais 21
Margarine 24, 27
Mayonaise 140
Mehlvergleich 14
Memminger Zuckerbrot 161
Milch-Drinks 178
Milch mit Hägemark (Hagebuttenmus) 184
Milchmixgetränke (Grundrezept) 184
Mix Getränke 178
Morchel-Pfifferlinge-Goulasch 78
Mostschaumsoße 143
Mürbe Seelen 164
Mürbes Käsegebäck 146
Mus aus eingefrorenen Früchten 185
Mus aus Trockenfrüchten 185
Muskatblüte 30
Muskatnuß 31
Mus und Marmelade 185

Nackete Dampfnudeln 72
Nudelauflauf 85
Nudelsalat 133

Obatzter 136
Oberstdorfer Äpfel 142
Öl 24, 27
Ofenschlupfer-Scheiterhaufen 73
Orangenschale 31

Register

Paprikasalat 37
Petersilienbutter 135
Petersiliensuppe 59
Pfaffenhütchen 169
Pfannkuchen-Flädle 77
Pfefferbutter 135
Pfefferkuchengewürz 31
Pfifferlingsalat 128
Pfirsichmilch 184
Pfitzauf 70
Pikante Randich-Frischkost 50
Pikante Salatsoße Nr. I 56
Pikanter Endiviensalat 47
Pikanter Hirseauflauf 87
Pikanter Quarkauflauf 90
Pikanter Salat 128
Pikantes Bohnengemüse 92
Pilzauflauf 85
Pilzküchle 118
Piment 32
Prestling-Apfelsalat 143

Quark-Haferflocken-Pudding 66
Quarkknöpfle mit heißen Kirschen 66
Quarkmayonaise 140
Quark-Ölteig (süß) 159
Quark-Zwetschgenklöße 73

Radieschen-Rohkost 49
Rahmstrudel 76
Rahmzwiebeln 122
Randich mit Kresse 44
Randich mit Sellerie 50
Reichenauer Zwiebelkuchen 104
Reis 21
Remstaler Käsesalat 139
Remstaler Sauerkraut-Frischkost 46
Rettich-Drink 178
Rezeptteil 35
Rhabarberstrudel 160
Roggen 20
Roggenweckle 147
Rohes Zwetschgenmus 186
Rosenwasser 32
Rotweinsoße 74

Safran 32
Sahnemayonaise 140
Salat aus gekeimten Dinkelkörnern 130
Salate 37
Salbeibutter 134
Sanddorn-Joghurt 183
Sauce Remoulade 140
Sauerampfer-Drink 178
Sauerampfersuppe 60
Sauerkraut-Frischkost "Witwe Bolte" 52
Sauerkrautsalat 48
Sauerkrautsalat II 48
Sellerieklöße 58
Sellerie-Salat 43
Sellerieschnitzel 98
Sesambusserl 174
Sonnenblumenbrot 148
Spätzle 112
Spinatpudding 90
Spinat-Quark-Knöpfle 108
Spinatsalat 44
Spitzwegerichsalat 43
Süße Hauptspeisen 64
Süße Weckle 164
Suppen 57

Schneckennudeln 163
Schneiderfleck 72
Schrotauflauf 89
Schupfnudeln auf Fildersauerkraut 108
Schwäbische Schupfnudeln 79
Schwäbische Wasserschnalle 63
Schwäbischer Obstsalat 142
Schwäbischer Zwiebelkuchen 113
Schwäbisches Bauernbrot 149
Schwangauer Gurke 126
Schwarzwurzeln im Teigmantel 79

Steinpilze in Rahm 115
Sternanis 32

Taschnudeln 97
Tomaten-Kartoffelauflauf 105
Tomaten Mayonaise 140
Tomatensuppe 62

Topfennudeln 92
Träublesauflauf 69
Träubleskuchen 155
Träublesmilch 184
Träubles-Sahnequarkdessert 141

Überbackene Maislaible 120
Überbackener Blumenkohl 116
Ulmer Klöße 93
Ulmer Kuchen 170

Vanille 33
Vegetarische Maultaschen 89
Versoffene Jungfern 74
Vitamin-B 22
Vollkornbrot 13
Vollkornküchle 118
Vollwertkost 12
Vorwort Dr. Bruker 10
Vorwort der Verfasser 36

Was ist Vollwertkost 12
Weckeiergerstensuppe 57
Weckschnittsuppe 63
Weihnachtsbäckerei 28
Weizen 20
Wildgemüse-Cocktail 46
Wirsing mit Sahnehaube 121
Wirsingpastete 122
Wirsingrohkost 51
Wirsingwickel mit Pfifferlingen 103
Württemberger Kranz 158
Wurschtelauflauf Wangener Art 105

Zimt 33
Zitronen-Nußbrötle 171
Zitronenschale 33
Zucker 22, 23
Zwetschgen-Auflauf 75
Zwetschgennudeln mit Zwetschgensoße 64
Zwiebelauflauf 104
Zwiebelsalat 41

Bücher von Dr. M. O. Bruker

Unsere Nahrung — unser Schicksal
449 Seiten, Best.-Nr. 84018
(früher: Schicksal aus der Küche)
Bei uns erkrankt der Durchschnitt der Bevölkerung schon etwa 25 Jahre vor dem Tod an einem ernährungsbedingten Zivilisationsleiden, das dann später oft zur Todesursache wird. In diesem Buch erfahren Sie, wie Sie bis ins hohe Alter gesund und vital bleiben — und wie Sie eine verlorene Gesundheit zurückgewinnen können. Daß die Küche ein Ort der Krankheits- oder Gesundheitsentstehung sein kann, ist bekannt. Es kommt darauf an, was dort zubereitet und anschließend gegessen wird.

Die lebensbedingten Krankheiten
400 Seiten, Best.-Nr. 84028 (früher: Krank durch Streß)
Die geistige Haltung bestimmt, wie der einzelne mit den Belastungen des täglichen Lebens fertig wird. Mangel an Kenntnis und Erkenntnis kann zu Krankheiten führen. Konflikte und Streß bedrohen heute jeden. Wie Sie trotz aller Belastungen gesund bleiben oder wieder gesund werden, beschreibt dieses Buch.

Idealgewicht ohne Hungerkur
76 Seiten, Best.-Nr. 84038
(früher: Schlank ohne zu hungern)
Dies ist kein Diätbuch in üblicher Prägung und enthält keine trockenen Theorien und kein Gestrüpp von Verboten, sondern hier wird eine ganz aus der Erfahrung geborene Methode gezeigt, die ihre Bewährungsprobe schon lange hinter sich hat. So unwahrscheinlich es klingt, nicht das Zuvielessen erzeugt Fettsucht und die begleitenden Krankheiten, sondern ein Zuwenig, d.h. der Mangel an bestimmten Nahrungsstoffen. So ist dies ein äußerst guter und praktischer Ratgeber für jeden Übergewichtigen und für alle, die ihr Gewicht halten wollen.

Stuhlverstopfung in 3 Tagen heilbar
88 Seiten, Best.-Nr. 84048
Selbst die hartnäckigste Stuhlverstopfung kann ohne Abführmittel geheilt werden! Dies haben unzählige Fälle bewiesen. Durch einfache Nahrungsumstellung und Änderung der Lebensbedingungen kann jeder Stuhlverstopfte von seinem jahrelangen Übel befreit werden! Wenn er nur will!

Leben ohne Herz- und Kreislaufkrankheiten
176 Seiten, Best.-Nr. 84058
(früher: Sich schützen vor dem Herzinfarkt)
Die Herz- und Kreislaufkrankheiten nehmen von Jahr zu Jahr zu, angeführt von der Todesursache Nr. 1: Dem Herzinfarkt! Die Ursachen für den Herzinfarkt können vermieden werden. Diese sind vor allem ein Mangel an Vitalstoffen durch die heutige denaturierte Kost. Lesen Sie in diesem Buch, wie Sie durch vollwertige Ernährung dieser häufigen Krankheit ein Schnippchen schlagen und ohne Angst auch im größten Streß leistungsfähig bleiben.

Ernährungsbehandlung bei Leber-, Galle-, Magen- und Darmerkrankungen
168 Seiten, Best.-Nr. 84068
(früher: Leber, Galle, Magen, Darm)
»Der Tod sitzt im Darm«, diese uralte ärztliche Weisheit gilt heute mehr denn je. Wer gesund bleiben oder wieder gesunden will, muß seinen Verdauungstrakt gesund erhalten oder wieder gesunden lassen. Das lebensnotwendige Wissen hierzu vermittelt dieses Buch.

Erkältet?
100 Seiten, Best.-Nr. 84078 (früher: Nie mehr erkältet)
Frei von Grippe und Erkältung durch vitalstoffreiche Vollwertkost. Jeder zivilisierte Mensch ist ein- oder mehrmals im Jahr »erkältet«. Aber Schnupfen, Husten und Grippe müssen nicht sein! Dr. M.O. Bruker vermittelt hier seine verblüffenden Erkenntnisse, wie man sich diese lästigen Plagen auf einfache Weise sicher vom Leibe halten kann.

Rheuma — Ursache und Heilbehandlung
123 Seiten, Best.-Nr. 84088
(früher: Rheuma - Ischias -Arthritis - Arthrose)
Jeder 5. leidet heute an Erkrankungen des Bewegungsapparates. Dies bedeutet für die Kranken: ständige Beschwerden, starke Schmerzen und Kosten für Kuren und Medikamente. Die wirklichen Ursachen und die wirksame Heilbehandlung beschreibt dieses Buch und ermöglicht sogar im späten Stadium, das Fortschreiten der Erkrankung zu verlangsamen oder sogar zum Stillstand zu bringen. Eine segensreiche Hilfe für die Erkrankten und ein wertvoller Ratgeber zur Verhütung für alle noch Gesunden.

Wie kann ich meine Gesundheit erhalten?
Best.-Nr. 82016

In diesem 1 1/2 Stunden-Vortrag erläutert Dr. Bruker die ernährungsbedingten Zivilisationskrankheiten. Wie sie entstehen, wie sie geheilt werden können, und vor allen Dingen, wie Sie sie vermeiden können. Mit genauen Anleitungen für Ihre tägliche Ernährung, die sie schon ab morgen befolgen können, wenn Sie wirklich an der Erhaltung Ihrer Gesundheit interessiert sind.

Die lebensbedingten Krankheiten und ihre Heilung
Best.-Nr. 82026

Zu den lebensbedingten Erkrankungen rechnet Dr. Bruker die Krankheiten, die durch eine falsche geistige Haltung und Lebenseinstellung entstehen. **Homöopathie**
Best.-Nr. 82036

Dr. M.O. Bruker, ein erfahrener Homöopath, erklärt den Unterschied zwischen Homöopathie und anderen Behandlungsmethoden. Sie erfahren genau, was Homöopathie eigentlich ist.

Getreidemühlen-Informationen

Gesundheit ist kein Zufall
48 Seiten, Best.-Nr. 81218, von G.D. Fischer

Diese Broschüre enthält alles wissenswerte über Getreidemühlen, sowohl mit Stahl- wie auch mit Steinmahlwerk. Die gängigsten Mühlen sind abgebildet und beschrieben: Preise, Leistung und alle wichtigen Daten.

Süß – aber gefährlich
John Yudkin, 343 Seiten, Best.-Nr. 84118

Der Zucker-Report. Professor Yudkin untersucht in diesem Buch die Wechselwirkung zwischen Zuckerkonsum und den typischen Zivilisationskrankheiten. Dabei stellt er fest: Hätte irgendeine andere Substanz auch nur annähernd jene schädliche Wirkung wie Zucker, dann wäre sie schon längst mit einem Bann belegt worden. Außerdem hat der Körper - physiologisch gesehen - nicht den geringsten Bedarf an Zucker.

Einfacher leben – einfacher essen
Gabriele Kieninger, 112 Seiten, Best.-Nr. 83028

"Der Titel *Einfacher leben – Einfacher essen* ist zu bescheiden. Die Schrift vermittelt trotz ihrer Kürze weit mehr. Das Grundsätzliche einer Vollwertkost ist in knapper Form so hervorragend dargestellt, daß all denjenigen, die das Studium größerer Bücher abschreckt, die Augen weit genug geöffnet werden, daß es die Fehler der bisherigen Ernährungslehre sind, die die zivilisierten Menschen zwangsweise in die Krankheiten hineintreiben." schreibt Dr. M. O. Bruker in seinem Vorwort zu diesem Buch. Den Hauptteil des Buches nehmen viele leckere Rezepte für den ganzen Tag ein.

Die Kleidung – unsere zweite Haut
Paulus Johannes Lehmann, 456 Seiten, Best.-Nr. 83018

Wesentliches über naturgemäße Kleidung - so könnte der Untertitel dieses wertvollen Ratgebers lauten. Denn Sie erfahren, wie die wichtigsten Kleidungsstoffe in der Natur entstehen, wie sie verarbeitet werden, welche Qualitäten es gibt, für welche Anwendungsbereiche sie verwendet werden können und wie Sie sie am schonendsten pflegen. Der Vollständigkeit halber sind neben Wolle, Seide und Pflanzenfasern auch die Chemiefasen beschrieben.

Leo Leichtsinn
Hendrik Nachtsheim, 120 Seiten, Best.-Nr. 83038

In einer Zeit, in der Kinder durch skrupellose Medien und Werbemacher oftmals falsch informiert und zum unkritischen, ja fast bedingungslosen Konsum geradezu erzogen werden, ist es nötig, ihnen auch einmal etwas Gegenteiliges anzubieten!
In sieben Geschichten schildert der Autor, was der zehnjährige Leo so alles erlebt. Es geht dabei um Themen wie Ernährung, Umweltschutz, Naturheilkunde, Werbung oder das 'erste Mal Rauchen'.
Bevorzugt für Kinder von 8 – 12 Jahren.

Biologisch Kochen für Kinder
Helma Danner, Best.-Nr. 84148

Dieses besondere Kochbuch für Kinder enthält eine große Anzahl leckerer und guter Rezepte, nach denen Kinder und Jugendliche gerne kochen und backen. Viele lustige und erklärende Zeichnungen erleichtern die Arbeit. Zur besseren Übersicht sind alle Koch- und Backzutaten für jedes Rezept auf ein Regal gezeichnet. Das besondere jedoch an diesem Kochbuch sind die naturbelassenen Zutaten, an die sich die Kinder jedoch schnell gewöhnt haben.

bioverlag gesundleben
8959 Hopferau – Heimen Nr. 50